Professores na incerteza

P963 Professores na incerteza : aprender a docência no mundo atual / Organizadores, Juana M. Sancho Gil, Fernando Hernández-Hernández ; tradução: Alexandre Salvaterra ; revisão técnica: Cláudia da Mota Darós Parente. – Porto Alegre : Penso, 2016.
xxii, 174 p. il. ; 23 cm.

ISBN 978-85-8429-088-8

1. Educação. 2. Formação docente. I. Sancho Gil, Juana M. II. Hernández-Hernández, Fernando.

CDU 377.8

Catalogação na publicação: Poliana Sanchez de Araujo – CRB 10/2094

Juana M.
SANCHO GIL

Fernando
HERNÁNDEZ-HERNÁNDEZ

ORGANIZADORES

Professores na incerteza

APRENDER A DOCÊNCIA
NO MUNDO ATUAL

Tradução
Alexandre Salvaterra

Revisão técnica
Cláudia da Mota Darós Parente
Mestre e Doutora em Educação
pela Universidade Estadual de Campinas (Unicamp)

2016

Obra originalmente publicada sob o título *Maestros al vaivén: Aprender la profesión docente en el mundo actual*
ISBN 9788499215839
Copyright © 2013 Ediciones Octaedro, S.L., Barcelona, España.
Todos los derechos reservados.

Gerente editorial: *Letícia Bispo de Lima*

Colaboraram nesta edição
Editora: *Priscila Zigunovas*
Assistente editorial: *Paola Araújo de Oliveira*
Preparação de originais: *Luiza Drissen Signorelli Germano*
Leitura final: *Grasielly Hanke Angeli*
Capa: *Márcio Monticelli*
Imagens da capa: © shutterstock.com/spass, *Male teacher in front of elementary age schoolchildren*
© shutterstock.com/Monkey Business Images, *Teacher helping pupils studying at desks in classroom*
© shutterstock.com/wavebreakmedia, *Teacher reading out loud to classroom at the elementary school*
Editoração: *Kaéle Finalizando Ideias*

Reservados todos os direitos de publicação, em língua portuguesa, à
PENSO EDITORA LTDA., uma empresa do GRUPO A EDUCAÇÃO S.A.
Av. Jerônimo de Ornelas, 670 – Santana
90040-340 – Porto Alegre – RS
Fone: (51) 3027-7000 Fax: (51) 3027-7070

SÃO PAULO
Rua Doutor Cesário Mota Jr., 63 – Vila Buarque
01221-020 – São Paulo – SP
Fone: (11) 3221-9033

SAC 0800 703-3444 – www.grupoa.com.br

É proibida a duplicação ou reprodução deste volume, no todo ou em parte, sob quaisquer formas ou por quaisquer meios (eletrônico, mecânico, gravação, fotocópia, distribuição na Web e outros), sem permissão expressa da Editora.

IMPRESSO NO BRASIL
PRINTED IN BRAZIL
Impresso sob demanda na Meta Brasil a pedido de Grupo A Educação.

*A Rosane M. Kreusburg Molina e Vicente Molina Neto,
nestes momentos especiais da vida.*

Agradecimentos

Este livro e a pesquisa em que se baseia nunca teriam sido possíveis sem a contribuição voluntária de um bom número de pessoas, a quem, desde o início, queremos demonstrar nosso mais profundo agradecimento.

Em primeiro lugar, aos 58 professores e professoras de ensino fundamental, de toda a Espanha, que compartilharam seu tempo, seus saberes, suas experiências e suas aspirações conosco. A todos e a cada um deles, dedicamos este livro de maneira muito especial.

Em segundo lugar, a todos que nos facilitaram os contatos com algumas dessas pessoas: José Miguel Correa, Josefina Santisteban, Ramón Ruiz, Lourdes Montero, Ana García Valcárcel, María Marcos, Julio Rogero, Sacramento López e Mercè Ventura.

E, finalmente, aos colegas que nos acompanharam nas diferentes etapas desta apaixonante viagem: Rosane Kreusburg e Vicente Molina Neto, Laura Sánchez e Adelina Castañeda, Mariane Abakerli e Marta Ríos.

Os autores

Juana M. Sancho Gil Professora do Departamento de Didática e Organização Educativa da Universidad de Barcelona. Coordenadora do grupo consolidado de pesquisa ESBRINA-Subjetividades y Entornos Educativos Contemporáneos (2009SGR 0503): http://www.ub.edu/esbrina, da Universidad de Barcelona e do REUNI+D-Red Universitaria de Investigación e Innovación Educativa (MINECO. EDU2010 12194-ESubprograma EDUC): http://reunid.eu. É membro do Grupo de Innovación Docente para favorecer la Indagación, Indaga-t, da Universidad de Barcelona (2010GIDC-UB/12): http://www.ub.edu/indagat. Coordenou e participou de um número considerável de projetos nacionais e internacionais, codirige a coleção "Repensar a Educação", da editora Octaedro, e publicou um bom número de livros e artigos em publicações nacionais e internacionais.

Fernando Hernández-Hernández Professor da seção de Pedagogias Culturais da Faculdade de Belas Artes da Universidad de Barcelona. Faz parte do grupo consolidado de pesquisa ESBRINA-Subjetividades y Entornos Educativos Contemporáneos (2009SGR 0503): http://www.ub.edu/esbrina, da Universidad de Barcelona; do REUNI+D-Red Universitaria de Investigación e Innovación Educativa (MINECO. EDU2010 12194-ESubprograma EDUC): http://reunid.eu; e do Grupo de Innovación Docente para favorecer la Indagación, Indaga-t, da Universidad de Barcelona (2010GIDC-UB/12): http://www.ub.edu/indagat. Há anos, acompanha processos de formação e inovação com tendência a construir uma educação em que todos encontrem um lugar para aprender.

Alejandra Montané López Professora do Departamento de Didática e Organização Educativa da Universidad de Barcelona. É membro do grupo consolidado de pesquisa ESBRINA-Subjetividades y Entornos Educativos Contemporáneos (2009SGR 0503): http://www.ub.edu/esbrina, da Universidad de Barcelona; do Grupo de Innovación Docente para favorecer la Indagación, Indaga-t, da Universidad de Barcelona (2010GIDC-UB/12): http://www.ub.edu/indagat; e do REUNI+D-Red Universitaria de Investigación e Innovación Educativa (MINECO. EDU2010-12194-ESubprograma EDUC): http://reunid.eu.

Amalia Creus Professora de Estudos de Ciências da Informação e de Comunicação da Universitat Oberta, da Catalunha, em que é diretora da Faculdade de Comunicação. É pesquisadora designada do eLearn Center, membro do grupo consolidado de pesquisa Knowledge and Information Management in Organizations (Kimo) e orientadora do programa de doutorado em Educação e TIC. Além disso, é professora adjunta da Faculdade de Educação da Universidad de Vic.

Bernardita Brain Valenzuela Professora de História de ensino médio e estudante de doutorado em Educação e Sociedade da Universidad de Barcelona. Colaborou no consolidado grupo de pesquisa ESBRINA-Subjetividades y Entornos Educativos Contemporáneos (2009SGR 0503): http://www.ub.edu/esbrina, da Universidad de Barcelona, especificamente na pesquisa Identidoc. Suas áreas de interesse e pesquisa estão ligadas à construção da identidade profissional docente, ao compromisso profissional e aos docentes iniciantes.

Fernando Herraiz García Licenciado e doutor em Belas Artes, é professor da Faculdade de Belas Artes da Universidad de Barcelona, na unidade de Pedagogia Cultural (Departamento de Desenho) e leciona disciplinas como Pedagogia da Arte, Antropologia e Sociologia da Arte. Seu trabalho de pesquisa o dirigiu a estudos de gênero e sexo, com especial ênfase em masculinidades. É membro do grupo consolidado de pesquisa ESBRINA-Subjetividades y Entornos Educativos Contemporáneos (2009SGR 0503): http://www.ub.edu/esbrina, da Universidad de Barcelona; do REUNI+D-Red Universitaria de Investigación e Innovación Educativa (MINECO. EDU2010 12194-ESubprograma EDUC): http://reunid.eu; e do Grupo de Innovación

Docente para favorecer la Indagación, Indaga-t, da Universidad de Barcelona (2010GIDC-UB/12): http://www.ub.edu/indagat.

Judit Vidiella Pagès Licenciada e Doutora em Belas Artes pela Universidad de Barcelona. De 2001 a 2013 trabalhou na área de pedagogias culturais na Faculdade de Belas Artes (UB); primeiro, como bolsista de pesquisa e docência e, depois, como professora associada no mestrado de Artes Visuais e Educação: um Enfoque Construtivista. Atualmente, trabalha como professora auxiliar convidada na Universidade de Évora (Portugal), como formadora de professores no mestrado em Ensino de Artes Visuais na educação básica e na disciplina de Educação e Expressão Visual e Plástica do curso de educação básica. É membro do grupo consolidado de pesquisa ESBRINA-Subjetividades y Entornos Educativos Contemporáneos (2009SGR 0503): http://www.ub.edu/esbrina.

Laura Domingo Peñafiel Professora contratada da Faculdade de Educação da Universidad de Vic; membro do grupo de pesquisa GREUV, da mesma universidade, e do grupo consolidado de pesquisa ESBRINA--Subjetividades y Entornos Educativos Contemporáneos (2009SGR 0503): http://www.ub.edu/esbrina, da Universidad de Barcelona. As suas linhas de pesquisa estão ligadas às práticas educativas inclusivas em escolas multisseriadas e rurais.

Marta Ortiz Moragas Professora de Educação Especial, licenciada em Psicopedagogia e Doutora em Pedagogia pela Universidad de Barcelona. Foi colaboradora no grupo consolidado de pesquisa ESBRINA-Subjetividades y Entornos Educativos Contemporáneos (2009SGR 0503): http://www.ub.edu/esbrina, da Universidad de Barcelona, especificamente na pesquisa Identidoc. Atualmente, atua como professora de Educação Especial em uma escola pública de Barcelona. Suas áreas de pesquisa estão ligadas à inclusão dos alunos com necessidades educativas especiais.

Paulo Padilla Petry Psicólogo e professor associado do Departamento de Métodos de Pesquisa e Diagnóstico em Educação da Universidad de Barcelona. É membro do grupo consolidado de pesquisa ESBRINA-Subjetividades y Entornos Educativos Contemporáneos (2009SGR 0503): http://www.ub.edu/esbrina, da Universidad de Barcelona; do Grupo de Innovación Docente para favorecer la Indagación, Indaga-t, da Universidad de Barcelona (2010GIDC-UB/12): http://www.ub.edu/indagat; e do REUNI+D-Red Universitaria de Investigación e Innovación Educativa (MINECO. EDU2010 12194-ESubprograma EDUC): http://reunid.eu. Publicou artigos relacionados à formação de professores e psicólogos e ao papel da subjetividade dos alunos e dos professores na educação.

Sandra Martínez Pérez Licenciada em Psicopedagogia, Mestre em Intervenção em Dificuldades de Aprendizado e Doutora em Educação. É professora das Faculdades de Pedagogia e Formação de Professores na Universidad de Barcelona. Está interessada nas condições e mudanças que ocorrem na educação, na formação de professores, na identidade docente e na inovação educativa, além das relações que se estabelecem na escola, na família e na comunidade. Faz parte do grupo consolidado de pesquisa ESBRINA-Subjetividades y Entornos Educativos Contemporáneos (2009SGR 0503): http://www.ub.edu/esbrina, da Universidad de Barcelona; do REUNI+D-Red Universitaria de Investigación e Innovación Educativa (MINECO. EDU2010 12194-ESubprograma EDUC): http://reunid.eu; e do Grupo de Innovación Docente para favorecer la Indagación, Indaga-t, da Universidad de Barcelona (2010GIDC-UB/12): http://www.ub.edu/indagat.

Verónica Larraín Pfingsthorn Licenciada e Doutora em Belas Artes pela Universidad de Barcelona. De 2001 a 2004 trabalhou como pesquisadora em diversos projetos para a Fundación Bosch i Gimpera dessa universidade. Em seguida, trabalhou na área de pedagogias culturais na Faculdade de Belas Artes (UB); primeiro, como bolsista de pesquisa e docência e, depois, como professora associada. Em 2010, continuou como professora associada na Faculdade de Pedagogia na mesma universidade. Atualmente, combina seu trabalho como educadora e pesquisadora nas áreas de arte e educação *freelance* e como professora na Universidad Internacional de la Rioja (UNIR).

Apresentação

Muitas foram as razões que nos levaram a considerar a necessidade de aprofundar nosso conhecimento e nossa compreensão sobre como os professores de ensino fundamental* aprendem a ser docentes e se configuram como professores durante sua formação inicial e os primeiros anos de trabalho. Algumas delas estão relacionadas com a invariável dificuldade que os sistemas educativos têm de introduzir e consolidar mudanças que comportem melhoras na educação; com a dificuldade adicional de ter que dar conta das transformações tecnológicas, econômicas, culturais e sociais que nos afetam; com a insuficiência aparente da formação inicial e permanente e com a importância das primeiras experiências profissionais; bem como com o recente interesse internacional pelas situações, pelos processos, pelas experiências e pelos posicionamentos vinculados à maneira com que o corpo docente constitui e negocia sua identidade e aprende a docência; e, sobretudo, com nosso compromisso profissional com o aperfeiçoamento da educação, em particular, nos anos cruciais do desenvolvimento da infância no ensino fundamental.

---

* N. de R. T.: O livro faz referência à educação primária espanhola, equivalente a uma parte do ensino fundamental brasileiro. Na Espanha, conforme a Lei Orgânica 2, de 3 de maio de 2006, a organização do ensino compreende 10 anos de escolarização obrigatória (educação básica), dos 6 aos 16 anos. O ensino obrigatório compreende a educação primária, com seis anos de duração (dos 6 aos 12 anos de idade) e a educação secundária obrigatória com quatro anos de duração (dos 13 aos 16 anos). No Brasil, após a aprovação da Emenda Constitucional nº 59, de 11 de novembro de 2009, que alterou a Constituição Brasileira de 1988, e da Lei nº 12.796, de 04 de abril de 2013, que alterou a Lei de Diretrizes e Bases, Lei nº 9.394, de 20 de dezembro de 1996, atualmente a escolarização obrigatória compreende a faixa etária de 4 a 17 anos, passando pelas diferentes etapas da educação básica: educação infantil (0 a 5 anos), ensino fundamental (6 a 14 anos) e ensino médio (15 a 17 anos). Assim, o uso do termo "ensino fundamental" ao longo do texto, no contexto brasileiro, refere-se sobretudo aos seus cinco primeiros anos.

Assim, apresentamos o projeto "La construcción de la identidad docente del profesorado de educación infantil y primaria en la formación inicial y los primeros años de trabajo (Identidoc)" junto ao Ministério da Economia e Competitividade (EDU2010-20852-C02-01), e a seu desenvolvimento, nos últimos três anos, temos dedicado boa parte de nosso tempo e nossa energia.

Neste livro, explora-se, analisa-se e interpreta-se, à luz das evidências obtidas com a pesquisa, um conjunto de temas que configuram e ajudam a entender o que significa aprender a ser professor no mundo atual. Depois de situar as dimensões da problemática que está por trás da pesquisa (os "porquês" e os "comos" por trás de uma pesquisa sobre aprender a ser docente de ensino fundamental), abordamos os seguintes tópicos: a) as decisões formativas e laborais que influenciam a aprendizagem de ser docente; b) a formação inicial do corpo docente de ensino fundamental; c) o papel dos colegas na constituição da identidade docente; d) as relações entre infância e escola a partir da perspectiva dos novos professores; e) os paradoxos do compromisso e do reconhecimento social dos professores; f) a constituição da subjetividade (docente) em um contexto pós-fordista; e g) os cenários para questionar e expandir a formação permanente.

Esperamos que esses temas suscitem o interesse de todos aqueles envolvidos no aprimoramento da educação e, principalmente, dos responsáveis pelas políticas educativas, dos formadores do corpo docente, das escolas, dos próprios professores e das famílias. Convidamos todos a compartilhar nosso trabalho com o desejo de que lhes permita aprofundar suas análises, reflexões e ações.

COM O QUE CONTRIBUI E A QUEM PODE INTERESSAR ESTE LIVRO

A análise e a interpretação das evidências obtidas por meio de microetnografias e de grupos de discussão nos permitiram elaborar um conjunto de abordagens sobre o fenômeno de constituição da identidade docente dos professores e das professoras. Publicamos diversos artigos e realizamos apresentações em diferentes congressos. O que há de novo neste livro? Esta obra reúne temas que, ao longo da pesquisa, foram se configurando como as principais influências no processo de aprender a ser professor.

O Capítulo 1 traz uma revisão de como, nos últimos anos, mudou o panorama do trabalho do professor. Analisa como sua tarefa, antes considerada tranquila, fácil e segura, passou a ser o enfrentamento dos desafios crescentes de uma sociedade profundamente transformada nos âmbitos social, político e tecnológico. A partir disso, é considerado o posicionamento epistemológico, político e metodológico dos autores e são explicitadas as decisões e os processos seguidos na pesquisa, colocando ênfase especial nas microetnografias.

No Capítulo 2, argumenta-se a necessidade de aumentar a compreensão sobre como se adquire e desenvolve o conhecimento pessoal e tácito, não perdendo de vista o que ocorre fora do campo; levando em conta não apenas as tendências – o que faz a maioria –, mas também as vias escolhidas pelas minorias, por menores que sejam. Para isso, são abordadas as decisões formativas e laborais que parecem ficar fora da corrente principal e é analisado o sentido das decisões acerca da escolha de alguns estudos, as entradas e as transições da profissão e a formação continuada fora das abordagens habituais.

O Capítulo 3 foca a influência da formação inicial na constituição da identidade de docente dos professores. Após situar a dimensão institucional em que se enquadra essa formação, aproxima-se da transição de estudantes a docentes e se desvenda a posição de jovens professores em relação ao conhecimento proporcionado pela universidade e o que é necessário para seu papel atual de docente.

O Capítulo 4 parte da concepção de que se formar como professor de ensino fundamental envolve pertencer a uma comunidade discursiva, o que supõe fazer parte de um grupo e se relacionar com um Outro. Isso leva a discutir a relação dos professores iniciantes com seus colegas; a abordar o papel das ideias e dos ideais nas relações com outros professores; a tratar do que se pode aprender nas ditas relações e de como as relações afetivas entre professores podem gerar inovações pedagógicas ou isolamentos.

O Capítulo 5 foca o papel dos discursos sociais sobre a infância nos processos de formação da identidade docente nos primeiros anos de trabalho, a partir da pergunta "que representações de infância os professores de ensino fundamental constroem e compartilham nos primeiros anos de sua trajetória profissional?". Para respondê-la, o capítulo explora questões relativas à construção de algumas representações sociais que fixaram maneiras naturalizadas de ver e compreender a infância, toma a perspectiva dos próprios docentes que participaram da pesquisa e oferece uma aproximação entre diferentes modos de ver a infância.

No Capítulo 6, argumenta-se que a escolha de ser professor está fortemente determinada por elementos pessoais e subjetivos, biográficos, coletivos e, especialmente, por um senso de compromisso. A paixão por ensinar, a dedicação de tempo fora do horário letivo, o envolvimento com as crianças e a participação nas instituições de ensino configuram, junto à ideologia e ao envolvimento com os temas de índole social, uma concepção multidimensional do termo de compromisso profissional docente. Por isso, analisam-se suas diferentes dimensões e coletam-se as percepções sobre o reconhecimento social de diversos professores iniciantes, oferecendo algumas pistas para aprofundar as vivências do início do exercício profissional.

O objetivo do Capítulo 7 é contribuir com o debate sobre como a identidade docente, entendida como categoria profissional, necessita ser revisada a partir de algumas conceituações que levem em conta a economia global e as transformações do trabalho atuais. Sob essa luz, a formação da identidade docente é paradoxal, posto que implica uma tensão entre o próprio interesse de (se) formar ou de servir a todos os demais e a subjugação a condições – muitas vezes – de pouco reconhecimento social, falta de estabilidade, (auto) exploração, estresse, etc. Para repensar todas essas questões, são retomadas diferentes análises e posicionamentos do grupo de professores que participou dessa pesquisa e que nos contou como suas condições laborais estão reconfigurando a noção de profissionalismo e o que significa ser docente.

O Capítulo 8 parte do fato de que a identidade se forma por meio de um processo dialógico em que uma experiência e sua interpretação social conversam mutuamente. Nesse processo, o papel da formação continuada adquire uma dimensão que vai além de cumprir um requisito para obter um reconhecimento administrativo. A formação entendida como uma experiência dialógica em uma comunidade de formação não apenas permite enfrentar as tensões das relações pedagógicas, mas também aprender a falar em conjunto. A partir desse posicionamento, explora-se o contexto em que se situa a formação permanente dos professores. Esse contexto se constitui a partir de três eixos: a formação com outros, a prática e as atividades institucionais. Tudo isso com a finalidade de abrir espaços de formação que permitam encontrar novos sentidos para a profissão docente.

Todos os capítulos finalizam com uma seção de *recomendações e sugestões*, entendidas como a continuação de uma conversa com os professores, as escolas, as famílias, os formadores do corpo docente e os responsáveis pelas políticas educativas. Ou seja, com todos aqueles que estão empenhados para uma educação à altura de nosso tempo e para a conquista de uma sociedade mais igualitária e democrática.

Sumário

1 Dos "porquês" e "comos" por trás de uma pesquisa sobre aprender a ser docente de ensino fundamental 1
Juana M. Sancho Gil
Fernando Hernández-Hernández

Muito mais do que parece... 2

A importância de pesquisar como o professor aprende a ser docente........ 7

O sentido de uma pesquisa construtivista.. 14

Qual foi o trajeto da pesquisa? Que decisões tomamos e aonde elas nos levaram?.. 16

As microetnografias na pesquisa sobre como se aprende a ser professora. 23

O porquê do título.. 25

Referências... 25

2 As decisões educativas e profissionais que influenciam o aprender a ser docente 29
Juana M. Sancho Gil
Bernardita Brain Valenzuela

A importância de estar fora do campo... 30

Nosso dever como docentes 33

Decisões educativas e profissionais 34

A escolha dos estudos 36

As entradas e os trânsitos na profissão 40

Para continuar pesquisando 45

Recomendações e sugestões 46

Referências 48

3 A formação inicial dos professores de ensino fundamental: entre a necessidade e a busca de sentido 51
Sandra Martínez Pérez
Fernando Herraiz García

A formação inicial dos professores: uma área controversa 52

De estudantes a docentes: nossa própria experiência 54

Durante a formação inicial 58

Conclusões 66

Recomendações e sugestões 67

Referências 69

Leituras recomendadas 71

4 O papel dos colegas na construção da identidade docente 73
Paulo Padilla Petry

Introdução 74

Participar do grupo para se formar professora 75

O papel das ideias e da inovação 81

O que podemos aprender com as colegas 83

A integração afetiva como condição necessária, mas não suficiente 87

Conclusão 88

Recomendações e sugestões 90

Referências 92

5 **"Sou professora porque sempre gostei de crianças": infância e escola a partir da perspectiva dos professores iniciantes** 93
Amalia Creus
Laura Domingo Peñafiel
Marta Ortiz Moragas

Introdução: a escola e a representação social da infância 94

A infância na cultura 96

A infância moderna: da rua à escola 97

A infância a partir da perspectiva dos professores 99

Para concluir: para um novo diálogo com a infância 104

Recomendações e sugestões 106

Referências 107

6 **Compromisso e reconhecimento social dos professores: alguns paradoxos de uma profissão na encruzilhada** 109
Alejandra Montané López

Introdução 110

A natureza do compromisso 111

As dimensões do compromisso 112

Em frente ao espelho do reconhecimento: percepções 123

Considerações finais 127

Recomendações e sugestões 128

Referências 130

Leituras recomendadas 131

7 A construção da subjetividade (docente) em um contexto pós-fordista: trabalho imaterial e precariedade 133
Verónica Larraín Pfingsthorn
Judit Vidiella Pagès

Por que falamos sobre esse tema?.. 134

Identidades em conflito.. 138

Os custos do desempenho profissional.. 138

Flexibilidade laboral: a quebra do mito da estabilidade........................... 141

A economia do trabalho caseiro.. 144

O conhecimento como mercadoria: eficácia e controle........................... 146

Trabalho imaterial: cuidados e benefícios.. 148

Alianças e organizações 150

Recomendações e sugestões 151

Referências... 153

8 Situações para questionar e expandir a formação permanente .. 155
Fernando Hernández-Hernández

A formação docente como lugar para validar-se em conjunto............... 156

A formação como uma experiência de identidade
(de aprender a ser docente)... 157

O lugar da formação permanente nos encontros com docentes
iniciantes... 159

A formação com os outros... 160

A formação como lugar para gerar conhecimento pedagógico
e experiências de identidade... 171

Recomendações e sugestões 173

Referências... 174

1

Dos "porquês" e "comos" por trás de uma pesquisa sobre aprender a ser docente de ensino fundamental

Juana M. Sancho Gil
Fernando Hernández-Hernández

Resumo

Existem muitas e boas razões para abordar os temas que são tratados neste livro e para conduzir a pesquisa em que se baseia. Neste capítulo, explicamos como, nos últimos anos, mudou o panorama do trabalho do professor, como sua tarefa, antes considerada tranquila, fácil e segura, passou a ser o enfrentamento dos desafios crescentes de uma sociedade profundamente transformada nos âmbitos social, político e tecnológico. As evidências que sustentam essa afirmação fundamentam a necessidade de conduzir estudos como o que realizamos. A partir dessa constatação, mostramos nosso posicionamento epistemológico, político e metodológico e explicitamos as decisões e os processos seguidos na pesquisa, colocando ênfase especial nas microetnografias.

MUITO MAIS DO QUE PARECE

Ser professor (principalmente professora, por isso que, ao longo do livro, utilizaremos esse gênero com mais frequência) de ensino fundamental, segue sendo visto como um trabalho fácil, cômodo. É claro, sua tarefa parece consistir somente em manter a ordem e passar as lições tiradas de um livro-texto. Essa visão do trabalho docente nessa etapa escolar parece se sustentar nas noções colonizadoras da infância. Como argumentam Gaile Cannella e RadhikaViruru (2004), são noções que negam o outro; nesse caso, os meninos e as meninas, seu saber e sua autoria. Ademais, tal abordagem ocasiona uma violência epistêmica contra a infância, que limita suas possibilidades de desenvolvimento, sua liberdade e sua capacidade de ação. Trata-se de algumas visões impostas "[...] pelo pacto entre a psicologia do desenvolvimento, a medicina, a educação e os órgãos governamentais" (LENROOT; GIEDD, 2006; SOCIETY FOR NEUROSCIENCE, 2008). A essas noções deveriam ser somadas as que *infantilizam* a infância e, mediante o consumo e o excesso de proteção, continuam mantendo-a em posições subordinadas que não somente reprimem a sua capacidade de aprendizagem e ação, mas também a sua adoção progressiva de responsabilidades (CUESTA, 2005).

Talvez essas definições da coletividade, a quem devem atender e educar, tenham causado também a caracterização do ofício de professor como fraco, dependente e subordinado às ideias e propostas de outros, como um trabalho em que a regulação ideológica dos discursos, as práticas, as ideias e os resultados lhe conferem um baixo nível de autonomia e, portanto, de criatividade, capacidade de ação e aprendizagem.[1] É difícil imaginar que se diga a um cirurgião como deve operar, ainda que existam protocolos e que as condições de trabalho sejam mediadas por interesses distintos. Contudo, não parece surpreender que os responsáveis pelas políticas educativas, os formadores e as editoras regulem as representações do conhecimento, as formas de ensinar e a maneira de avaliar o aprendizado. Por isso, a sala de aula é uma cela, e a escola, uma fortaleza. Assim, se perguntamos a um

---

1 Nesse ponto, convém levar em consideração que, entre as razões para abandonar a profissão docente, Natale (1993) descobriu a falta de profissionalização, de reconhecimento e de autonomia. Além disso, autonomia (ou a sua falta) é um dos componentes da (des)motivação do docente e do seu grau de (in)satisfação (MOOMAW et al., 2005).

docente por que faz o que faz, ele se defende, sem se dar conta de que é guardião de fantasias, aspirações, pressões e temores alheios.

Considera-se que o professor de ensino fundamental precisa de *pouca formação*. É claro, para ensinar crianças! Por isso, faz somente sete anos que, na Espanha, é exigido grau superior como formação básica, e, em alguns países, pessoas apenas com ensino médio* continuam dando aulas para o ensino fundamental. Essa formação ainda não encontrou o equilíbrio entre o conhecimento da matéria (nesse caso, as matérias, porque frequentemente precisam ensinar quase todas aquelas contempladas no currículo), o conhecimento pedagógico e o conhecimento prático.

John Beck e Michael Young (2005) argumentam que, para Bernstein, o motor da identidade profissional está centrado na relação dos docentes com o conhecimento. Se seu conhecimento se caracteriza por ser indeterminado, difuso, fraco, subordinado e pela falta de reconhecimento, que tipo de identidade docente desenvolverá em relação a ele? Muito mais quando a formação inicial, apesar de ser um diploma universitário – como no caso da geração de professores a que pertence o grupo com que fizemos a pesquisa –, parece colocar os estudantes em uma posição colonizadora e subordinada ao não reconhecê-los como criadores de conhecimento, uma situação relatada por uma de nossas colaboradoras.

> Também creio que nós, professores, sabemos muito quando aprendemos em aula, mas não sabemos como articular ou fazer com que esse aprendizado que temos chegue às altas esferas da universidade, que se façam estudos e, então, se criem medidas para melhorar a educação. Temos muitas queixas, mas todo o nosso saber não é canalizado; como não somos da universidade, não podemos opinar, não podemos falar (Cristina 1, GD[2] Cantábria).

Os professores de ensino fundamental parecem estar em uma terra de ninguém. Estão entre a época divertida e maternal da educação infantil,

---

* N. de R.T.: Essa situação ocorre no contexto brasileiro, pois ainda se admitem professores com formação em nível médio para atuação nos primeiros anos do ensino fundamental. Conforme o artigo 62 da Lei de Diretrizes e Bases da Educação Nacional, Lei nº 9.394/1996 (alterada pela Lei nº 12.796/2013): "A formação de docentes para atuar na educação básica far-se-á em nível superior, em curso de licenciatura, de graduação plena, em universidades e institutos superiores de educação, admitida, como formação mínima para o exercício do Magistério na educação infantil e nos 5 (cinco) primeiros anos do ensino fundamental, a oferecida em nível médio na modalidade normal".
2 Grupo de discussão.

em que a criatividade é bem-vinda, o jogo é celebrado como promotor da aprendizagem, a experimentação é permitida e o forte da professora é ser uma boa educadora. E, no ensino médio, em que a compartimentalização das disciplinas resulta em hierarquias e relações de poder, a *nota* é dada por provas que consistem, sobretudo, em repetir de forma conveniente as definições do livro ou de anotações, e o *status* do professor baseia-se em ser especialista em uma disciplina. Em meio a esses dois territórios, quem e o que é o professor de ensino fundamental? Como pode ser definida uma figura que durante um bom número de horas por dia tem de ensinar a um grupo de aprendizes tudo o que, teoricamente, a sociedade decidiu que devem saber nessa idade? E, nisso tudo, incluem-se diferentes disciplinas, valores, regras, comportamentos, linguagens, predisposições, atitudes, etc.

A realidade do professor de ensino fundamental parece muito diferente daquela refletida no discurso que se elaborou e configurou ao longo da história da escola. Em primeiro lugar, porque sua tarefa é considerada cada dia mais fundamental. Hoje, há mais evidências da importância da educação e da aprendizagem nessa etapa. Sabemos, por exemplo, que o tamanho total do cérebro aos 6 anos é 95% do tamanho que atingirá na vida adulta, ainda que os componentes subcorticais mudem drasticamente entre a infância e a adolescência. Também sabemos sobre sua plasticidade, sobre sua extraordinária habilidade de modificar sua estrutura e função, seguindo as alterações do próprio corpo e do ambiente, e que a estrutura do cérebro em qualquer momento é um produto de interações entre a genética, a epigenética e os fatores ambientais (tanto no meio externo quanto no meio interno fisiológico) (LENROOT; GIEDD, 2006; SOCIETY FOR NEUROSCIENCE, 2008). Por isso é dada tanta importância ao sentido das atividades e à configuração dos entornos da aprendizagem que são apresentados ou possibilitados aos alunos. Assim, durante essa etapa da vida, o cérebro *grava*, de forma especial, o sentido das personalizações que orientarão sua atitude perante aprender e ser.

Porém, isso se dá porque o trabalho docente se articula e está enquadrado em uma série de eixos que lhe conferem um alto grau de complexidade, demanda intelectual e emocional e compromisso social. Entre os eixos que se entrecruzam estão: as prescrições legislativas, a relação com seus colegas e a cultura central, o trabalho cognitivo e afetivo com um corpo discente heterogêneo e a responsabilidade de fomentar seu desenvolvimento integral, a necessidade de avaliar o aprendizado, o contato com as famílias e a necessidade de formação permanente. Tudo isso sem esquecer sua vida pessoal, cultural e social (Fig. 1.1).

Hoje, começa-se a apontar as escolas e o corpo docente de ensino fundamental como responsáveis pela má (ou deficiente) formação básica do corpo discente e pela falta de preparo para responder aos desafios que a sociedade contemporânea impõe. Os professores e as escolas são responsabilizados por criarem instituições que olham para o passado e não para o presente. O problema é que não se leva em conta o contexto global que configurou esse fenômeno. A isso se deve a importância de pesquisas como esta.

Os professores são criticados e castigados, acusados de terem um trabalho privilegiado, pois é fixo e razoavelmente bem remunerado – diante da precariedade que os rodeia –, tendo dois meses de férias e um horário que permite combinar vida profissional e pessoal. Isso tudo gera um estigma do qual o professor deve se defender, em silêncio, com arrogância ou repúdio;

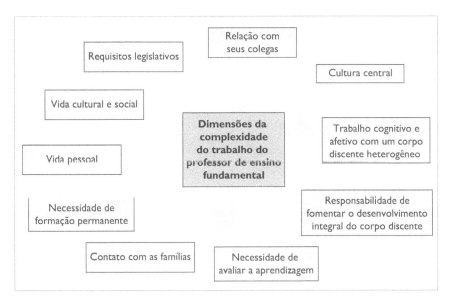

Figura 1.1 Dimensões da complexidade do trabalho do professor de ensino fundamental.

às vezes também com a abertura de portas e janelas, com a vontade de mostrar que está interessado nas acusações e que, talvez, elas veiculem algumas frustrações daqueles que as pregam. Por isso, esses profissionais padecem de um certo transtorno perceptivo que faz com que não se sintam considerados, reconhecidos e respeitados pela sociedade. Ainda assim, todas as pesquisas na Espanha dizem que eles fazem parte de uma das quatro profissões mais valorizadas pela população.

Esses julgamentos, que questionam e desvalorizam os professores, tendem a esquecer que:

- Todos os problemas e as necessidades da sociedade são colocados sobre seus ombros e lhes é atribuída a responsabilidade de oferecer soluções para eles. Por isso, devem ensinar boas maneiras, dar valores não discriminatórios, ensinar a justiça e a honestidade, enquanto na sociedade se demonstra e se prega todo o contrário (HARGREAVES, 2000). Além de promover todas as campanhas que podem vir à mente de alguém, precisam levar à escola educação para o trânsito, paz, sexo, drogas e um grande etecetera.

- O ensino deixou de ser uma profissão para toda a vida para mover-se de forma precária e ter contratos por horas, sem poder se vincular a um grupo de alunos, sem poder estabelecer vínculos com os colegas, esperando ser chamado a qualquer hora, em qualquer dia. O professor sente-se descartável, como algo que se usa quando é preciso cobrir uma urgência; alguém que não é valorizado ou considerado quando não se necessita.

Tudo o que foi mencionado anteriormente estava presente em nossa memória de vivências, encontros, conversas e leituras quando decidimos nos aproximar daqueles que começam a transitar por essa profissão que quase todos consideram necessária, mas que poucos levam em consideração. Diferentemente do que ocorre na maioria das vezes entre aqueles que escrevem e falam sobre esses temas, quisemos deixar de *apontar* e de usar a palavra *deveria*, para nos aproximarmos dos jovens professores e compartilhar suas experiências, aspirações e seus temores com respeito, para reconhecê-los como portadores de conhecimento e saber. Convidamos esses profissionais para falar, compartilhar como transitam pelas incertezas, como se sentem diante da precariedade e como se movem pela trama de relações complexas que são as escolas. Acompanhamos as suas aulas, reunimos todos para que trouxessem relatos em que não há somente queixas, sonhos e decepções, mas também paixão, desejo de aprender, vontade de dar o melhor de si mesmo e ganas de crescer em conjunto.

Este livro compreende as histórias que nos contaram e que compartilhamos e escrevemos juntos. São histórias que falam de como os sujeitos aprendem a ser docentes em um contexto precário, com cortes de verbas e dificuldades e das decisões – nem sempre em um caminho reto, mas de traços sinuosos – que os levaram a ser professores. Histórias sobre como transitam entre o compromisso e a burocratização, de como dialogam com a formação que lhes foi dada na universidade e como agora buscam com seus colegas ou em outros contextos que lhes permitem continuar aprendendo, de como vivem e valorizam sua relação com os meninos, as meninas, os adultos e outros colegas. Essas histórias foram coletadas com 49 professores que se abriram conosco nos grupos de discussão que tivemos em diferentes comunidades autônomas. Além disso, tais relatos também vieram das nove pessoas que, com diferentes trajetórias e experiências, nos doaram seu tempo, com quem dividimos conversas em diferentes momentos e acompanhamos durante vários meses. Com elas, escrevemos suas trajetórias profissionais carregadas de vida, paixão e dúvidas. Elas nos transmitiram que, apesar das circunstâncias, não se conformam nem se deixam vencer por fatalidades desastrosas do cinismo neoliberal. Todos têm nosso reconhecimento por permitir que pudéssemos aprender com suas experiências e possibilitar que talvez outros possam reconsiderar seus preconceitos, suas decisões e seus atos. Foi com esse propósito que tais indivíduos participaram da pesquisa que abriu caminho para este livro.

A IMPORTÂNCIA DE PESQUISAR COMO O PROFESSOR APRENDE A SER DOCENTE

A pesquisa que se leva em conta aqui, ou seja, as histórias com as quais tecemos os diferentes capítulos deste livro, não apenas estão expostas para conhecer ou compreender como os alunos de licenciatura constituem o seu sentido de ser docente nos primeiros anos de sua trajetória profissional. Essa questão, que consideramos relevante devido ao exposto na seção anterior, foi apresentada para tentar compreender como os docentes aprendem, se adaptam, reagem, se autorizam, se revelam ou se conformam quando transitam entre a posição de subordinação em que são colocados e a autoria que reivindicam.

Com esse objetivo, não buscamos respostas atemporais e genéricas, mas encravadas nas difíceis circunstâncias atuais da educação, regida pelo domínio padronizador de uma política de *inovação conservadora*. Essa política reduz o investimento na educação pública, mas aumenta na educação privada que recebe subsídio do Estado e na que defende a segregação por sexo e classe social; favorece as condições de precariedade do trabalho dos docentes; divide os conhecimentos escolares entre os instrumentais e os que *distraem*; combate a possibilidade de que a escola contribua para o equilíbrio das diferenças sociais, estabelecendo uma política de bolsas de estudo que favorece aos que possuem mais; estabelece que o valor da educação está nos resultados de provas ou respostas de exames, não em uma trajetória contínua de aprendizagem; considera a importância do esforço, mas não considera que é preciso oferecer educação e modos de aprender pelos quais vale a pena se esforçar; busca uniformizar, marginalizando e negando as diferenças nos modos de aprender, nas maneiras de pensar e dizer, nas crenças e nos olhares. Todas essas realidades são o cenário das perguntas que nos fizemos, das histórias que nos contaram, dos relatos que construímos e das interpretações que elaboramos.

Diante desse relato, que padroniza, discrimina e é oferecido como o único possível, torna-se necessário contar outras histórias, como a de experiências que mostram como a educação pode ser obtida com outros valores e com outra finalidade; de como os docentes podem exercer seu papel a partir de outras posições; e de outros cenários para aprender que não passem pelo adestramento e pela repetição. Para configurar esse outro relato, comecemos observando a escola que temos e as referências educativas que a fundamentam.

Segundo Keith Sawyer (2008), ao longo do século XX, os países industrializados conseguiram oferecer uma educação formal durante alguns anos a todas as crianças e todos os jovens. No início, esses sistemas educativos tomaram caminhos diferentes, mas, no final, reuniram-se em um modelo similar de escolarização. Quando esse modelo surgiu nas primeiras décadas do século XX, contava-se com poucas evidências acerca de como as pessoas aprendem. Como resultado, o modelo de educação que se firmou nas escolas baseia-se em suposições de senso comum que nunca haviam sido comprovadas cientificamente. O autor resume esses fundamentos nos seguintes termos:

- O conhecimento é um conjunto de fatos acerca do mundo e dos procedimentos de como resolver problemas.
- O objetivo da educação é conseguir que esses fatos e procedimentos estejam na cabeça do estudante. As pessoas são consideradas educadas quando possuem um grande conjunto de fatos e procedimentos.
- Os professores conhecem esses fatos e procedimentos, e o seu trabalho é transmiti-los aos alunos.
- Os fatos e procedimentos mais simples devem ser aprendidos em primeiro lugar, seguidos dos cada vez mais complexos. As definições de *simplicidade* e *complexidade* e a sequência correta dos materiais são determinadas pelos docentes, pelos autores de livros-texto ou perguntando aos especialistas, como matemáticos, cientistas ou historiadores, e não mediante o estudo de como crianças e jovens realmente aprendem.
- A forma de determinar o êxito da educação é colocar os estudantes em provas ou exames e observar quantos desses fatos e procedimentos foram adquiridos.

Boa parte das ideias que as pessoas têm sobre o que é preciso fazer na escola e o que deve ser a educação segue baseada nessas noções. Aqueles que opinam e decidem sobre a educação geralmente seguem esses preceitos. Por isso, acham quase impossível questionar o que está enraizado, pois serviu para que tivessem os postos que ocupam e a posição social de que desfrutam. A maioria dos professores também tem participação nesses valores, pois não questionou ou colocou em dúvida a formação que recebeu. Os livros-texto reforçam essa posição. As políticas educativas também a consagram. Contudo, esquece-se de que é o senso comum[3] que prevalece, e não pesquisas que nos explicam como os indivíduos aprendem... com sentido.

---

3 Quer dizer, por "[...] o sentido oferecido/imposto pela sociedade: os significados imaginários sociais [...] [que] trazem consigo que a interrogação seja detida" (CASTORIADIS, 1977, p. 45).

Quando se questiona essa maneira enraizada de considerar o aprender, se tacha de *concepções* de pedagogos ou de pessoas que não frequentam a escola, tamanha é a força e o enraizamento naturalizado desses preceitos. Se alguém levanta a voz para questionar se essa maneira de conceber a educação e a aprendizagem satisfaz e responde às necessidades dos estudantes atuais e futuros, em sua crescente diversidade, ou às necessidades de uma sociedade que está mudando, é calado por ser inoportuno. Se são mostradas evidências de desafeto, desapego e inadequação a esses princípios, de como crianças e jovens pensam e respondem diante daquilo que a escola oferecem (BIRBILI, 2005; OSBORN et al., 2003) – inclusive em países de *êxito*, como a Inglaterra, a França e a Dinamarca –, dizem novamente que são *ocorrências* de pedagogos e que os problemas se solucionariam com a volta aos conteúdos tradicionais, à cultura do esforço e a provas padronizadas.

Essa defesa do *status quo* esquece que os princípios que fundamentam essa educação e aprendizagem do século XX, presentes na maioria das nossas instituições de ensino e que regem o desempenho de boa parte dos docentes, foram desenvolvidos para atender a um grupo reduzido e privilegiado de estudantes que tinham de adquirir conhecimentos muito específicos e desenvolver habilidades muito concretas. Esses estudantes são alguns dos indivíduos que hoje têm voz e reconhecimento público e reivindicam, com nostalgia, uma educação e professores que ensinavam uma população selecionada e motivada nos escassos institutos que existiam na época, em um contexto de obediência e submissão, em que era oferecida, além disso, a esperança de ascensão social a partir dos estudos.

Essa situação quase desapareceu. Os sistemas educativos do século XXI devem atender toda a população e ajudar uma massa grande e diversa de estudantes a desenvolver e adquirir conhecimentos, habilidades e predisposições diversificadas para um mundo volátil, incerto, complexo e ambíguo (SANCHO; HERNÁNDEZ-HERNÁNDEZ, 2011). O sistema escolar do século XX respondeu às necessidades da sociedade industrial. Segundo Keith Sawyer (2008, p. 2):

> Os objetivos dessas escolas padronizadas foram concebidos para assegurar a normalização – todos os estudantes tinham de memorizar e dominar o mesmo plano de estudos –, e esse modelo teve resultados razoavelmente efi-

cazes no cumprimento desses objetivos. Essas escolas foram estruturadas, programadas e regulamentadas explicitamente por analogia com as fábricas da era industrial, e esse alinhamento estrutural facilitou a transição do estudante da escola para o trabalho na fábrica.

Entretanto, o sistema educativo do século XXI deve atender à economia do conhecimento (POWELL; SNELLMAN, 2004), que se baseia na produção e distribuição de conhecimento e informação, em vez da produção e distribuição de objetos (MCKERCHER; MOSCO, 2007). Na economia do conhecimento, os trabalhadores são *analistas simbólicos*, que manipulam símbolos, em vez de máquinas, e criam artefatos conceituais, em vez de objetos físicos.

O sistema escolar do século XX foi concebido para que os estudantes captassem a base factual e conceitual de um conjunto de temas previamente selecionados, enquanto, no século XXI, as novas formas de produção de conhecimento, assim como sua representação e transmissão devem ser levadas em conta (WAEGEMANN, 2012; WEINBERGER, 2012).

As crianças e os jovens que frequentavam as escolas do século XX viviam em um mundo analógico, com a família, a escola e a igreja como os principais agentes de sua socialização. Hoje em dia, eles se encontram em um mundo digital que oferece uma grande quantidade de informação, modelos de conduta, valores e formas de vida (SANCHO, 2010). É devido a isso que existe a necessidade de que o sistema educativo do século XXI esteja disposto a reconhecer e aproveitar ao máximo as fontes novas e antigas de informação e experiência.

O sistema escolar do século XX foi criado de maneira bastante intuitiva e a partir de perspectivas ideológicas, prescrevendo como deveria se dar a aprendizagem, sendo um reflexo dos discursos coloniais e de classe (CANNELLA; VIRURU, 2004; YOUNG, 2001). Espera-se que o sistema educativo do século XXI considere as contribuições emergentes das ciências da aprendizagem e da neurociência (FISCHER, 2009; OECD, 2002; SAWYER, 2006) ao favorecer o desenvolvimento cognitivo e emocional dos indivíduos.[4]

---
4 Na Finlândia, estão criando uma reforma educativa e um novo currículo que serão implantados em 2016. Após um período de vários anos de experimentação e debate, do qual participaram todos os agentes educativos, apostaram na aprendizagem autorregulada, entre outras referências precedentes das ciências do aprendizado.

O sistema escolar do século XX estava focado em uma visão estreita da alfabetização, em que o texto escrito era fonte central da representação do conhecimento. Esperamos que a educação do século XXI leve em conta a atual diversidade de formas e modalidades de leitura e escrita, o que supõe transitar de uma educação baseada na monoalfabetização para uma que favoreça a alfabetização múltipla (COPE; KALANTZIS, 2000; LANKSHEAR; KNOBEL, 2003).

Na concepção do sistema escolar do século XX, a aprendizagem só ocorre em sala de aula, sob controle de um professor, e os estudantes devem transferir o que ali aprenderam para o mundo real (COLLINS, 2006). No século XXI, em contrapartida, questiona-se a ideia de que os estudantes são recipientes vazios que devem ser preenchidos para poder interagir melhor com seu entorno. Em vez disso, considera-se que chegam à escola com um histórico de aprendizagem e uma formação cultural que pode melhorar, atrasar ou impedir seu desenvolvimento, e as escolas podem se beneficiar com esse contexto. Além disso, considera-se que a aprendizagem, para o bem ou para o mal, ocorre em todos os ambientes formais e informais pelos quais as pessoas passam e nos quais estão envolvidas em diferentes momentos e estágios da vida (BANKS et al., 2007; COLLINS; HALVERSON, 2009).

Nesse contexto, as salas de aula do século XXI, por uma série de razões estruturais, parecem incapazes de enfrentar os desafios educativos do mundo atual. Segundo Carmen Luke (2003, p. 398), muitos educadores encontram dificuldades ao "resolver as contradições" entre as complexidades e a fluidez da aprendizagem baseada na *web* 2.0 e a persistência de um modelo de educação "[...] baseado na cultura estática do livro impresso e no individualismo competitivo, em que a aprendizagem está geograficamente ligada a um escritório [...], à transmissão antiga e à pedagogia de vigilância". Dessa maneira, a sala de aula – ou o espaço que seja[5]– do século XXI enfrenta a necessidade de mudar e de reinventar a si mesma em termos de currículo (o que é necessário aprender) e de pedagogia (como contribuir para que essa aprendizagem seja eficaz, transferível e sustentável e para que não seja esquecida após os exames). O que fica evidente nas últimas

---

5   Na reforma da Finlândia mencionada, a sala de aula se dilui em uma construção que favorece ambientes de aprendizagem múltiplos e flexíveis. Ver um exemplo no projeto UBIKO: www.ubiko.eu

propostas é que essa mudança se direciona para a hibridização (*mashups*), os planos de estudo *remix*, as pedagogias estendidas e de interação social (COLLINS; HALVERSON, 2009; KEENGWE; ONCHWARI; OIGARA, 2014; TAN; SUBRAMANIAM, 2009). Todas essas reconfigurações curriculares fundamentam-se na ideia de que as tecnologias *web* 2.0 estão dando lugar a diferentes tipos de informação (não apenas textuais), a uma produção de conhecimentos que mudam rapidamente e que exigem novas habilidades e alfabetizações, além de críticas e reflexões para dar sentido a esses conhecimentos e informações.

Tudo o que foi mencionado afeta a formação e o desempenho da tarefa dos docentes, principalmente quando se pretende responder a uma questão que, a partir do nosso ponto de vista, cruza as problemáticas que surgem com esta pesquisa. Como fazer a passagem de uma educação baseada no docente para a aprendizagem centrada no estudante? Diante das possíveis respostas dadas a essa pergunta, o corpo docente sempre tem um papel fundamental, pois ele é crucial quando se trata de mudar o enfoque da educação e da aprendizagem (BURKE; JACKSON, 2007; CARNELL; LODGE, 2002; HARGREAVES; SHIRLEY, 2012). É necessário, por exemplo, desenvolver pontos de vista alternativos sobre o que significa ser professor, para, assim, mudar de um *modelo de transmissão*, em que o professor é considerado alguém que detém toda informação que passa aos estudantes, para um enfoque em que se leve em conta o que os aprendizes trazem. Além disso, é preciso levar em consideração que, como a neurologia aponta atualmente (FISCHER, 2009), aprende-se melhor favorecendo a atividade de indagação dos alunos e a autorreflexão. No entanto, como tem sido evidenciado ao longo da história, os professores não são bons executores das ideias dos outros (RUDDUCK; HOPKINS, 1985), porque as mudanças devem ser promovidas *com* eles, e não *para* eles.

Por isso, há o interesse de acompanhar os professores jovens, para compreender como dialogam com a história hegemônica da escola do século XX, em que medida se apropriam ou se afastam dela e até que ponto suas decisões, experiências de formação e atuações na escola possibilitam (ou limitam) que mudem de uma escola centrada no professor e nos materiais de ensino para outra, que gire em torno da indagação, da reflexão e do questionamento do que se apresenta como naturalizado.

O SENTIDO DE UMA PESQUISA CONSTRUTIVISTA

Em nosso grupo de pesquisa, nos sentimos próximos a um espírito construtivista na hora de expor, executar e contar sobre o que realizamos. Não consideramos o construtivismo como um dogma ou um rótulo, nem um sinal diferenciador que se projeta como crítica à perspectiva realista. Aprendemos com Bruno Latour (2001) que não é preciso afirmar a partir da negação do posicionamento do outro, quando, na realidade, estamos buscando algo similar a partir de lugares diferentes – dar sentido àquilo que não compreendemos. Graças ao posicionamento realista foi possível criar a visão construtivista. Para nós, é um espírito (IÑIGUEZ, 2003), e não um exército que ataca ou defende em um campo de batalha (IBÁÑEZ, 2001). Há contribuições construtivistas que nos ajudam, enquanto outras nos fazem duvidar. Por isso, não devemos evitar seus limites e suas críticas. Contudo, considerando Sancho e Hernández-Hernández (2013), assinalamos o que essa influência pressupõe em nossas pesquisas:

- Guiarmo-nos por bases teóricas de referência que permitem que nos aproximemos das experiências dos outros sem objetivá-las ou acomodá-las a nossa agenda de interesses. Essas marcas de referência são a fenomenologia hermenêutica (como fundamento da noção de experiência), o construtivismo (GERGEN; GERGEN, 2011; HOLSTEIN; GUBRIUM, 2008), como enfoque ontológico e epistemológico que abre a porta para a narrativa da experiência, e as metodologias de pesquisa narrativas, como meios de captá-las e levá-las em consideração.

- Manter a tensão nos limites da relação entre quem realiza e com quem é feita a pesquisa. Uma consequência de levar em conta a fragilidade desses limites é a necessidade de tornar visível a rede de relações que ocorrem durante o processo da pesquisa.

- Considerar metodologias naturalistas e narrativas, como a etnografia e as práticas biográficas de pesquisa, as formas de indagação e de dar conta dos relatos de experiência.

- Prestar atenção às estratégias narrativas não totalitárias, que permitem refletir sobre as diferentes fontes e referências que configuram o relato narrativo e permitem também registrar aquilo que não sabemos.

- Manter a ética na pesquisa, com base em uma relação recíproca com o outro que nos doa seu tempo e experiência, "[...] sem recorrer à arrogância, mas com franqueza e humildade" (BACK, 2007, p. 4).

Com certeza, isso faz com que adotemos um espírito construtivista com pelo menos três traços:

- *Um modo de conhecer* (uma epistemologia) que não seja predeterminado, mas que se articule na relação com os outros, com o que nos contam, com o que se cria no grupo de pesquisadores (sempre fazemos pesquisa em grupo), com as referências que colocamos como contraponto de diálogo e com as inferências que essa conversa de múltiplas vozes nos proporciona. Tudo isso é realizado para citar o que tecemos na pesquisa a partir de outro lugar.
- *Modos de indagar* (uma metodologia) que sabemos, às vezes, como começam, mas não aonde nos levam. Nesse caminho, não buscamos atalhos para responder ao que já sabemos de antemão, mas tratamos de nos surpreender com novas perguntas e com descobertas que não imaginávamos fazer. Nessa busca de sentidos, não queremos nos deslumbrar pelo artifício do método, o modo de análise ou a retórica do verbo. Às vezes, nos custa evitar ser reiterativos e nos esforçamos para encontrar outros sentidos para aquilo que nos contaram sem interpretar os sujeitos, nem colocar palavras em suas bocas. Somos mediadores, não juízes. No final, construímos relatos baseados em evidências (o que mais seria uma pesquisa social?), que buscam revelar, com rigor, o fenômeno do qual nos aproximamos, porque este nos inquietava e perturbava (com base em uma reflexividade que dá conta das decisões tomadas e daquilo que as fundamenta) e porque nos colocava em uma posição de não saber.
- *Uma posição política*. Toda pesquisa é ideológica, no sentido de que projeta – e fixa – uma visão – um relato – sobre a parcela do que se chama de "realidade", da qual se aproxima para decifrar, descrever ou compreender. Se o construtivismo nos revela algo, é que não há ciência livre de valores. A questão é que isso não é reconhecido e tornado público, pretendendo ocultar esses valores

com artifícios de neutralidade e objetividade, camuflados pelo uso de modos de linguagem e símbolos. De certa forma, este capítulo constitui a explicitação de nossos valores e nossa ideologia. Sabemos que tornar isso público não nos redime das contradições e dos autoenganos. Sabemos que toda pesquisa, incluindo as ciências experimentais, é um relato de ficção que busca ser verossímil e não enganar o leitor. O mesmo ocorre em nossa maneira de transitar pela pesquisa, por isso, mostramos nossas referências, nossos caminhos no trajeto que percorremos, as dúvidas que nos torturaram em certas ocasiões, os dilemas que enfrentamos e as decisões que fomos tomando em cada momento. Também compartilhamos a finalidade do que consideramos uma aventura, o lugar onde chegamos e os restos que ficaram pelo caminho. Não pretendemos mudar a vida social da educação com a pesquisa que realizamos, mas sim oferecer outros pontos de vista sobre ela. Tais pontos de vista devem questionar os relatos naturalizados e permitir aos nossos leitores que se reconheçam para que tenham a opção de observar e atuar a partir de outra posição e com outra estratégia.

QUAL FOI O TRAJETO DA PESQUISA? QUE DECISÕES TOMAMOS E AONDE ELAS NOS LEVARAM?

Durante mais de três anos, nos reunimos de maneira assídua em um grupo de pesquisa,[6] para compartilhar leituras, tomar decisões metodológicas, trocar as vicissitudes dos encontros com as professoras, enfrentar as dúvidas dos escritos das microetnografias. Além disso, escrevemos artigos, compartilhamos submissões para congressos, organizamos jornadas e preparamos juntos este livro, revisando os originais, dando sugestões e propondo melhorias. Escrevemos este livro a partir de nossas diferenças e complementariedades, às vezes com conflitos, levando em conta os diferentes episódios biográficos pelos quais estávamos passando – o final de uma tese, estadias

---

6 Por se tratar de um projeto coordenado, colegas do País Basco também participaram desses encontros, focando os professores de educação infantil. O título do projeto é "La construcción de la identidad docente del profesorado de educación infantil en la formación inicial y los primeros años de trabajo" - MINECO.EDU2010-20852-C02-02 (IDENTIDOC, 2010-2013).

em outro país, precariedade da situação dos professores, as dificuldades de trabalhar em diferentes universidades, etc.

Ao longo de quase um ano, tivemos vários encontros com nove educadores cujas trajetórias biográficas escrevemos (ver Quadro 1.1), visitamos suas escolas para acompanhar seu dia a dia e, em seguida, dialogamos sobre isso. Demos voltas, revisamos, questionamos o conteúdo e o tom dos relatos que publicaríamos, chegamos a consensos e, por fim, reconhecemos que nos enriquecemos com esse processo vivido em conjunto.

Com a ajuda de colegas que administraram os contatos, também nos reunimos com 49 docentes de nove comunidades autônomas (Quadro 1.2). Com eles, realizamos grupos de discussão para compartilhar seus desejos, interesses, suas expectativas, decepções e ilusões relacionados à profissão. Transcrevemos o que nos contaram e, em seguida, analisamos, pinçando os temas que surgiam como fios de sentido sobre suas experiências.

Com tudo isso, obtivemos muitas páginas de evidências – conversas, declarações, observações –, analisamos um bom número de documentos (programas de formação de professores, decretos reguladores da formação), escrevemos notas e diários de campo e registramos nossos debates e aprendizados em atas de reunião. Com isso, analisamos o que nos era dito, para decifrar o que era falado. No caminho, expusemos nossos preconceitos e contamos como também aprendemos a ser docentes. Alguns aprenderam há pouco tempo, outros, há muitos anos, porém, todos nós consideramos que continuamos aprendendo.

Esses foram os caminhos que percorremos. Em seguida, vamos nos deter em alguns deles. Em uma parte do projeto, realizamos nove narrativas biográficas de caráter etnográfico com docentes de ensino fundamental. Com eles, buscamos mostrar a vida social em que se entrelaçam ou não os diferentes cenários e experiências daqueles que estão aprendendo a ser docentes. Esses relatos foram compilados a partir de uma série de entrevistas criativas, termo cunhado por Jack Douglas (1985), na década de 1980. Trata-se de um tipo de entrevista que responde e se adapta à dinâmica de uma situação, sendo flexível, em vez de seguir uma estrutura ou um protocolo predefinido. Além disso, a experiência completou-se com a realização da permanência em campo – na escola. Isso nos permitiu mostrar a situação

QUADRO 1.1 Caracterização dos indivíduos que participaram das microetnografias

Pesquisador	Nome	Tipo de universidade	Tipo de escola/função	Experiência docente	Estudo
Fernando	Jenny	Pública	Pública/semiurbana • Substituta: 1/3 de expediente	1 ano	• Formação em Magistério: EF • Mestrado em Pesquisa em Didática, Formação de Professores e Avaliação
Sandra	Mónica	Pública	Escola privada que também recebe alunos do sistema público (cujas vagas são pagas pelo Estado)/ urbana • Professora de Inglês e Artes • Orientadora escolar	3 anos	• Licenciada em Pedagogia • Mestrado em Intervenção em Dificuldades de Aprendizagem • Formação em Magistério: Inglês • Matriculada no doutorado em Psiquiatria
Alejandra	Mireia	Pública	Pública/rural	2 anos	• Formação em Magistério: EI
Judit e Verónica	M. José	Pública	Pública/urbana	5 anos	• Formação em Magistério: EP
Paulo	Araceli	Pública	Pública/urbana	5 anos	• Formação em Magistério: Inglês

Professores na incerteza 19

Amalia	Pública	Pública/urbana • Professora de Educação Especial e proprietária definitiva*	5 anos	• Formação em Magistério: EE • Doutorado em Sociedade e Educação (quase apresentando a tese)
Laura	Pública	Pública/semi-rural • Professora e orientadora	5 anos	• Formação em Magistério: EP • Estudante de Psicopedagogia
Juana M.	Privada	Pública/semiurbana • Professor substituto de meio expediente e orientador	2 anos	• Formação em Magistério: EP • Mestrado em Pesquisa em Didática, Formação de Professores e Avaliação • Matriculada no doutorado em Sociedade e Educação
Juana M.	Privada	Escola privada que também recebe alunos do sistema público (cujas vagas são pagas pelo Estado)/ urbana • Professor de ensino fundamental (contrato de 10 horas)	2 anos	
Edu	Privada		2 anos	• Formação em Magistério: EP • Estuda Inglês para o exame de nível avançado

EF = educação física   EI = educação infantil   EP = educação primária   EE = educação especial
* N. de E.: Na Espanha, *propietario definitiva* é como se chama a professora do sistema de ensino público que prestou concurso e tem seu cargo assegurado em uma escola.

QUADRO 1.2 Caracterização daqueles que participaram dos grupos de discussão

Comunidade autônoma	Nomes	Idade	Anos de experiência	Formação base
Cantábria	Maria, Rut, David, Cristina I, Cristina**	Entre 25 e 32 anos	De 1 a 5 anos	Formação em Magistério: EP Formação em Magistério: Inglês Formação em Magistério: EI Graduação em Psicopedagogia Adaptação da Formação de Professor de EP
Andaluzia	Raúl, M.ª José, Mari Carmen, Inmaculada, David	Entre 27 e 36 anos	De 1,5 a 4 anos	Formação em Magistério: EP Formação em Magistério: Inglês Formação em Magistério: EF Formação em Magistério: EM Cursando especialização em Inglês
Castilla e León	Ana Teresa, Fernando, Alberto, Susana, Inmaculada		De 1 a 16 anos	Formação em Magistério: EI Formação em Magistério: EF e Inglês Formação em Magistério: EF
La Rioja	Maria, Beatriz, Juan, Patricia, Laura	Entre 27 e 31 anos	De 2 a 5 anos	Formação em Magistério: EE Formação em Magistério: EI Formação em Magistério: EF Formação em Magistério: EM Graduação em Psicopedagogia Cursando grau de MP em Inglês
Galícia	Graciela, Ana, Alba, Eva, Eugenio		De 1 a 4 anos	Formação em Magistério: EE Formação em Magistério: EP Formação em Magistério: Inglês

Baleares	Caterina, Isabel, Lucía, Juana M., Sara, Cristina, Carmen, Gabriel	De 7 meses a 4,5 anos	Formação em Magistério: EE Graduação em Psicopedagogia Formação em Magistério: EP Formação em Magistério: EE Formação em Magistério: Inglês
Madri	Beatriz, Sofía, Cristina, Marta*, Marta**, Alfredo, Elvira	De 6 meses a 4 anos	Formação em Magistério: Inglês Formação em Magistério: EM Formação em Magistério: EE Formação em Magistério: EI Graduação em Psicopedagogia
Catalunha	Marta, Anna, María, Eva	De 6 meses a 4 anos	Formação em Magistério: EF Formação em Magistério: EI Formação em Magistério: EP Graduação em Psicopedagogia Mestrado em Desenvolvimento Rural e Educação
País Basco	Amaia, Jon, Amaia Z., Emma, Saioa	Entre 25 e 36 anos De 4 meses a 4 anos (uma delas, em atividades extraescolares)	Formação em Magistério: EP Formação em Magistério: Inglês Formação em Magistério: EF Graduação em Biologia (CAP)

EF = educação física   EI = educação infantil   EP = educação primária   EE = educação especial   EM = educação musical

*Esperávamos que os integrantes dos grupos tivessem uma experiência de, no máximo, cinco anos na docência. Neste grupo, havia uma pessoa que tinha 16 anos.
**Este grupo convidou uma professora com seis anos de experiência.

dos docentes em seu ambiente de trabalho e ampliar e contrastar o que surgiu nas conversas, na análise e no processo de escrita das microetnografias com que se completou o processo de pesquisa.

O caráter etnográfico de todo o processo foi concebido pela relação com os sete elementos que a revista *Ethnography and Education* assinala como peças fundamentais de uma etnografia (TROMAN, 2006 apud WALFORD, 2008):

- O foco no estudo de uma formação cultural e a sua manutenção – as práticas e experiências sociais e biográficas que contribuem para aprender a ser docente.
- A utilização de múltiplos métodos e a geração de ricas e diversas formas de dados – entrevistas, observações, diários de campo, fotografias, documentos e relatos docentes.
- A participação direta, durante um grande período de participação dos pesquisadores – em média seis meses, em nosso caso.
- O reconhecimento do pesquisador como o principal instrumento da pesquisa. Desde o início, o relato da experiência do pesquisador faz parte da pesquisa.
- A importância outorgada aos relatos das perspectivas e formas de compreensão dos participantes. Elas são a base das microetnografias que escrevemos de maneira colaborativa.
- A participação em uma espiral de compilação de evidências, reconsideração de hipótese e teoria colocada em prova, que conduz a uma maior compilação de evidências. Essa espiral foi mantida ao longo do processo da pesquisa.
- O enfoque em um caso particular, com profundidade. Para facilitar a base da generalização teórica, cada relato biográfico foi considerado como um caso que se aborda com profundidade e do qual se criam modos de compreensão que contribuem para o aprender a ser docente.

A etnografia caracterizou-se por uma permanência prolongada no campo, com o objetivo de compreender, da maneira mais próxima possível, o mundo social dos integrantes de uma cultura (BEYMAN, 2001 apud WAL-

FORD, 2008; LOWE, 2012), o que implica que "[...] o pesquisador fique submerso no ambiente e dedique tempo para conhecer (os outros) e participar de suas atividades diárias" (LOWE, 2012, p. 271). Dessa maneira, a questão do tempo aparece como um dos fatores fundamentais da metodologia etnográfica, na medida em que sua duração permite revelar a profundidade e a complexidade das estruturas e das relações sociais (JEFFREY; TROMAN, 2004). Por isso, tendo em vista que nosso tempo em campo (na escola) tenha sido breve – embora a relação com os colaboradores tenha sido de mais de seis meses –, decidimos chamar nossa abordagem etnográfica de "microetnografia".

Na ampla variedade de formas de encarar a pesquisa etnográfica – e o tempo de permanência em campo –, a microetnografia apresenta-se como uma perspectiva com diferentes acepções e usos. Curt Le Baron (2006) a relaciona com a utilização do vídeo nos anos 1960 e 1970 para a pesquisa social na abordagem de temas por meio da observação de pequenas condutas comunicativas. Em *Anthrostrategist* (2012), considera-a o estudo de uma pequena experiência ou de uma porção da realidade diária de um indivíduo ou de um grupo, o que não exclui a necessidade de um processo de compilação de evidências, de análise de conteúdo e de comparação de situações diárias com o propósito de formular diferentes pontos de vista. Bob Jeffrey e Geoff Troman (2004) consideram que há três níveis inter-relacionados dentro da pesquisa etnográfica: o macro (estrutural), o meso (organizacional) e o micro (pessoal). O último foca a experiência individual, mas que é socialmente produzida. Esse seria nosso rumo na pesquisa. Portanto, o menor tempo em campo não é o que define a microetnografia, mas, sim, a observação e o estudo do pesquisador, o foco da observação e a maneira de construir o relato etnográfico, para que haja uma reflexão da complexidade dos contextos humanos e das relações sociais de um indivíduo.

AS MICROETNOGRAFIAS NA PESQUISA SOBRE COMO SE APRENDE A SER PROFESSORA

Na presente pesquisa, não é possível separar as entrevistas realizadas dentro e fora das escolas, das observações ou dos períodos de aula compartilhados com os docentes, a análise de documentos e artefatos e dos processos de escrita dos relatos resultantes. Se as considerarmos microetnografias, não é somente pela duração da permanência em campo – um período de seis meses com encontros periódicos em diferentes cenários, trocas por *e-mail* e estadia de um ou dois dias nas instituições de ensino. A isso deve-se juntar o tempo dedicado à escrita das narrativas, as conversas no grupo de pesquisa e a relação, mediante um processo de tematização, dos diferentes relatos etnográficos. Nesse sentido, entendemos que as microetnografias conectam, além de sua temporalidade, com o que propôs George Marcus (1995) ao se referir à etnografia multilocal (*multi-sited*). Marcus questionou a concepção hegemônica do campo etnográfico como um "[...] recipiente de um conjunto particular de relações sociais que poderiam ser objeto de estudo e que poderiam ser comparadas com o conteúdo de outros recipientes em outros lugares [...]" (FAIZON, 2009, p. 1) ao apontar a noção de etnografia multilocal. Esse enfoque é definido em termos do estudo dos fenômenos sociais que não podem ser explicados por estarem focados em um só lugar.

Para compreender como os docentes com menos de cinco anos na profissão constroem sua identidade quando aprendem a ensinar – o que configura o foco da vida social que a abordagem etnográfica pretende narrar –, percebemos que não é possível limitá-la a um tempo nem a um lugar. Passamos, como aponta Andrew Milne (2006), pela "[...] interação entre os espaços físicos e os espaços virtuais" (SHARPE; BEETHAM; FREITAS, 2010, p. xvii). Como o autor, identificamos em nossa pesquisa espaços físicos formais (salas de aula nas escolas), espaços de passagem (corredores, zonas de acesso, escritórios, salas de trabalho), espaços sociais virtuais (a *Web*), espaços diferentes para as entrevistas – uma sala da universidade, sentados à mesa de um bar ao ar livre. Todos "[...] podem apresentar várias combinações ou recombinações desses espaços [...]" (SHARPE; BEETHAM; FREITAS, 2010, p. xviii) e configuram os múltiplos locais onde se desenvolveram as microetnografias. Por isso, consideramos que seu papel é estratégico na medida em que permite dar conta das descontinuidades que ocorrem no processo de pesquisa etnográfica sobre as condições de trabalho dos docentes e da sua relação com a constituição do seu sentido de ser (sua identidade/subjetividade) profissional.

Por fim, como afirma Andreas Wittel (2000), na pesquisa etnográfica, as pessoas

[...] estão em curso, distanciam-se dos "campos" definidos como localidades espacialmente fechadas e passam para localizações sociopolíticas, redes e enfoques multilocais. Além disso, elas estão se movendo dos espaços físicos para os espaços digitais. Essa transformação parece necessária.

Este trabalho buscou se aproximar desse movimento para contribuir com o debate sobre as possibilidades e as limitações desses deslocamentos que possibilitam as microetnografias desde a estrutura. Ao fazer isso, pudemos compreender os modos de relação pelos quais transitam – o tempo, os lugares e os encontros – os colaboradores em processo de aprender a ser docentes. Porém, o pesquisador também não fica à margem desses deslocamentos, já que reconsidera seu lugar e seus modos de administrar e narrar a vida social que busca compreender.

O PORQUÊ DO TÍTULO

Durante o processo de análise e interpretação do conteúdo dos nove grupos de discussão e das nove microetnografias, foi surgindo a imagem de um trabalho em que se produzem mudanças e variações inesperadas, altos e baixos, entradas e saídas, instabilidade, etc. Conforme apontamos no início, diante da ideia de uma profissão tranquila, segura e quase inerte, fomos revelando um caminho realizado com saltos, avanços e retrocessos, com muitas dúvidas e algumas certezas. Em alguns momentos, parecia que os participantes da pesquisa estavam aprendendo a ser professores *aos tropeços*, que sua identidade docente estava se formando em um vaivém das políticas de cortes de orçamento, dos retrocessos na educação e do impacto social da crise. Por isso, finalmente decidimos que *Professores na incerteza: aprender a docência no mundo atual* era o título que melhor refletia o conjunto das experiências significativas vividas por nossos colaboradores e pela situação atual dos professores.

REFERÊNCIAS

ANTHROSTRATEGIST. *Doing microethnography*. [S. l.]: Anthrostrategist, 2012. Disponível em: <http://anthrostrategy.net/2012/06/24/doing-microethnography/>. Acesso em: 31 mar. 2016.

BACK, L. *The art of listening*. Oxford; Nova York: Berg, 2007.

BANKS, J. A. et al. *Learning in and out school in diverse environments*. Seattle: The LIFE Center; Center for Multicultural Education, 2007.

BECK, J.; YOUNG, M. F. D. The assault on the professions and the restructuring of academic and professional identities: a Bernsteinian analysis. *British Journal of Sociology of Education*, v. 26, n. 2, p. 183-197, 2005.

BIRBILI, M. Constants and contexts in pupil experience of schooling in England, France and Denmark. *European Educational Research Journal*, v. 4, n. 3, p. 313-320, 2005.

BRASIL. *Emenda Constitucional nº 59, de 11 de novembro de 2009*. Brasília, DF, 2009. Disponível em: <http://www.planalto.gov.br/ccivil_03/Constituicao/Emendas/Emc/emc59.htm>. Acesso em: 03 abr. 2016.

BRASIL. *Lei nº 9.394, de 20 de dezembro de 1996*. Brasília, DF, 1996. Disponível em: <http://www.planalto.gov.br/ccivil_03/leis/L9394.htm>. Acesso em: 03 abr. 2016.

BRASIL. *Lei nº 12.796, de 04 de abril de 2013*. Brasília, DF, 2013. Disponível em: <http://www.planalto.gov.br/ccivil_03/_ato2011-2014/2013/lei/l12796.htm>. Acesso em: 03 abr. 2016.

BURKE, S.; JACKSON, P. J. *Reconceptualising lifelong learning*. London: Routledge, 2007.

CANNELLA, G. S.; VIRURU, R. *Childhood and postcolonization*: power, education, and contemporary practice. Nova York: Routledge Falmer, 2004.

CARNELL, E.; LODGE, C. *Supporting effective learning*. London: Paul Chapman, 2002.

CASTORIADIS, Cornelius. *El mundo fragmentado*. Buenos Aires: Caronte Ensayos, 1997.

COLLINS, A. Cognitive apprenticeship. In: SAWYER, R. Keith (Ed.). *Cambridge handbook of the learning sciences*. New York: Cambridge University, 2006. p. 47-60.

COLLINS, A.; HALVERSON, R. *Rethinking educational in the age of technology*: the digital revolution of schooling in America. New York: Teachers College, 2009.

COPE, B.; KALANTZIS, M. *Multiliteracies*: literacy learning and the design of social futures. New York: Routledge, 2000.

CUESTA, R. *Felices y escolarizados*. Barcelona: Octaedro, 2005.

DOUGLAS, J. *Creative interviewing*. London: Sage, 1985.

ESPAÑA. *Ley Orgánica 2/2006, de 3 de mayo, de Educación*. Madrid, 2006. Disponível em: <https://www.boe.es/buscar/pdf/2006/BOE-A-2006-7899-consolidado.pdf>. Acesso em: 03 abr. 2016.

FAIZON, M. A. (Ed.). *Multi-sited ethnography theory*: praxis and locality in contemporary social. Farnham: Ashgate, 2009.

FISCHER, K. W. Mind, brain, and education: building a scientific groundwork for learning and teaching. *Mind, Brain and Education*, v. 3, n. 1, p. 3-16, 2009.

GERGEN, K. J.; GERGEN, M. *Reflexiones sobre la construcción social*. Barcelona: Paidós Ibérica, 2011.

HARGREAVES, A. Nueva profesionalidad para una profesión paradójica. *Cuadernos de pedagogía*, v. 290, p. 58-60, 2000.

HARGREAVES, A.; SHIRLEY, D. *La cuarta vía*: el prometedor futuro del cambio educativo. Barcelona: Octaedro, 2012.

HOLSTEIN, J.; GUBRIUM, J. (Ed.). *Handbook of constructionist research*. New York; London: Guilford, 2008.

IBÁÑEZ, T. *Municiones para disidentes*. Barcelona: Gedisa, 2001.

IDENTIDOC. *El proyecto*. Barcelona: IDENTIDOC, 2010-2013. EDU2010-20852-C02-01 e EDU2010-20852-C02-02. Disponível em: <http://webs.esbrina.eu/identidoc/>. Acesso em: 31 mar. 2016.

IÑIGUEZ, L. La psicología social en la encrucijada postconstruccionista. Historicidad, subjetividad, performatividad, acción. In: ENCONTRO NACIONAL DA ABRAPSO, 12., 2003, Porto Alegre. *Estratégias de invención*: a psicologia social no contemporáneo. Porto Alegre: ABRAPSO, 2003. <http://abrapso.org.br/siteprincipal/index.php?option=com_content&task=view&id=135&Itemid=46>. Acesso em: 29 abr. 2007.

JEFFREY, B. A.; TROMAN, G. A. Time for ethnography. *British Educational Research Journal*, Oxford, v. 30, n. 4, p. 535-548, 2004.

KEENGWE, J.; ONCHWARI, G; OIGARA, J. N. *Promoting active learning through the flipped classroom model*. Hershey: IGI Global, 2014.

LANKSHEAR, C.; KNOBEL, M. *New literacies*: changing knowledge and classroom learning. Buckingham: Open University, 2003.

LATOUR, B. *La esperanza de pandora*: ensayo sobre la realidad y los estudios de la ciencia. Barcelona: Gedisa, 2001.

LE BARON, C. Microethnography. In: JUPP, V. (Ed.). *The Sage dictionary of social research methods*. London: Sage, 2006. p. 177-179.

LENROOT, R. K.; GIEDD, J. N. Brain development in children and adolescents: insights from anatomical magnetic resonance imaging. *Neuroscience and Biobehavioral Reviews*, v. 30, n. 6, p. 718-729, 2006.

LOWE, R. J. Children deconstructing childhood. *Children & Society*, v. 26, p. 269-279, 2012.

LUKE, C. Pedagogy, connectivity, multimodality, and interdisciplinarity. *Reading Research Quarterly*, v. 38, n. 3, p. 397-413, 2003.

MARCUS, G. E. Ethnography in/of the world system: the emergence of multi-sited ethnography. *Annual Review of Anthropology*, v. 24, p. 95-117, 1995.

MCKERCHER, C.; MOSCO, V. (Ed.). *Knowledge workers in the information society*. Lanham: Lexington, 2007.

MILNE, A. J. Designing blended learning space to the student experience. In: OBLINGER, D. G. (Ed.). *Learning spaces*. [S. l.]: Educause, 2006. cap. 11. Disponível em: <http://classmod.unm.edu/external/educause/Educause Chapter11 DesigningBlendedLearningSpaces.pdf>. Acesso em: 15 jan. 2013.

MOOMAW, W. E. et al. *Teacher-perceived autonomy*: a construct validation of the teacher autonomy scale. 2005. 110 f. Dissertation (Doctor of Education)–College of Professional Studies; The University of West Florida, Pensacola, 2005. Disponível em: <http://etd.fcla.edu/WF/WFE0000027/Moomaw_William_Edward_200512_EdD.pdf>. Acesso em: 23 set. 2010.

NATALE, J. A. Why teachers leave. *The Executive Educator*, Alexandria, p. 14-18, Julio 1993.

OECD. *Understanding the brain*: towards a new learning science. Paris: OECD, 2002.

OSBORN, M. et al. *A world of difference? Comparing learners across Europe*. Maindenhead: Open University, 2003.

POWELL, Walter; SNELLMAN, Kaisa. The knowledge economy. *Annual Review of Sociology*, v. 30, p. 199-220, 2004.

RUDDUCK, J.; HOPKINS, D. *Research as a basis for teaching*: readings from the work of Lawrence Stenhouse. London; Portsmouth: Heinemann Educational, 1985.

SANCHO, J. M. Digital technologies and educational change. In: HARGREAVES, A. et al. *Second international handbook of educational change*. New York: Springer International Handbooks of Education, 2010. p. 433-444.

SANCHO, J. M.; HERNÁNDEZ-HERNÁNDEZ, Fernando. Developing autobiographical accounts as a starting point in research. *European Educational Research Journal*, v. 12, n. 3, p. 342-353, 2013.

SANCHO, J. M.; HERNÁNDEZ-HERNÁNDEZ, Fernando. Educar en un mundo volátil, incierto, complejo y ambiguo. Entrevista a David Berliner. *Cuadernos de Pedagogía*, v. 410, p. 44-49, 2011.

SAWYER, R. K. (Ed.). *Cambridge handbook of the learning sciences*. New York: Cambridge University, 2006.

SAWYER, R. K. *Optimising learning implications of learning sciences research*. Paris: OECD, 2008.

SHARPE, R.; BEETHAM, H.; FREITAS, S. de. *Rethinking learning for a digital age*: how learners are shaping their own experiences. London: Routledge, 2010.

SOCIETY FOR NEUROSCIENCE. *Neuroscience core concepts*: the essential principles of neuroscience. Washington, DC: SFN, 2008. Disponível em: <http://emotion.psychdept.arizona.edu/SfnLocal/misc/core_concepts.pdf>. Acesso em: 14 maio 2011.

TAN, L. W. H.; SUBRAMANIAM, R. (Ed.). *Handbook of research on new media literacy at the K–12 level*. Hershey: IGI Global, 2009.

WAEGEMANN, C. P. *Knowledge capital in the digital society*. [S. l.]: CreateSpace Independent Publishing Platform, 2012.

WALFORD, G. The nature of educational ethnography. In: WALFORD, G. (Ed.). *How to do educational ethnography*. Londres: The Tufnell, 2008. p. 2-15.

WEINBERGER, D. *Too big to know*: rethinking knowledge now that the facts aren't the facts, experts are everywhere, and the smartest person in the room is the room. New York: Basic Books, 2012.

WITTEL, A. Ethnography on the move: from field to net to internet. *Forum Qualitative Sozialforschung / Forum: Qualitative Social Research*, Bonn, v. 1, n. 1, 2000. Disponível em: <http://nbn-resolving.de/urn:nbn:de:0114-fqs0001213>. Acesso em: 31 mar. 2016.

YOUNG, Robert J. C. *Postcolonialism*: an historical introduction. Oxford: Blackwell, 2001.

2

As decisões educativas e profissionais que influenciam o aprender a ser docente

Juana M. Sancho Gil
Bernardita Brain Valenzuela

Resumo

Os estudos sobre a construção da identidade docente focaram a formação inicial e permanente e a entrada no mundo profissional, por vezes, enquadrados em biografias profissionais e pessoais e nos contextos social, cultural e econômico. Além dessas dimensões, que são tratadas em outros capítulos do livro, desejamos, neste capítulo, abordar as decisões educativas e profissionais que parecem ficar fora da corrente principal. Começamos argumentando a necessidade de aumentar nossa compreensão sobre como se adquire e se desenvolve o conhecimento pessoal e tácito, de não perder de vista o que ocorre *fora do campo* e de levar em consideração não apenas as tendências, como faz a maioria, mas também os caminhos tomados pela minoria, por menores que sejam. Em seguida, partindo de nossa própria experiência, o texto organiza o sentido das decisões acerca da escolha por alguns estudos, as entradas e os trânsitos na profissão e na educação continuada fora das vias comuns.

A IMPORTÂNCIA DE ESTAR FORA DO CAMPO

Existem diversos estudos e pesquisas que abordam, a partir de perspectivas distintas, as diferentes dimensões relacionadas com a formação da identidade docente. Além disso, há estudos que tratam de como o corpo docente adquire e põe em prática seu conhecimento profissional e segue aprendendo (ou não) a se transformar no tipo de docente que gostaria de ser ou se tornar (AVALOS, 2009; CATTLEY, 2007; DAY; SACHS, 2004; HOOLEY, 2007).

A maioria das numerosas publicações tem como foco de interesse e atenção as experiências, os conhecimentos, as aptidões, as visões e as predisposições desenvolvidas e adquiridas pelos professores em sua formação inicial e permanente em distintos momentos de experiência laboral, embora, nos últimos anos, esses estudos tenham sido complementados com duas perspectivas importantes.

Por um lado, começou a revelar-se a importância das visões interiorizadas de todos que frequentam a escola, quase naturalizadas, sobre o que significa ensinar e aprender e em que consiste o conhecimento (RIVAS; LEITE, 2010). Como aponta Emilio Tenti (2010), com base em um estudo de Andrea Alliaud, a formação dos professores, no caso daqueles que atuarão no ensino fundamental, começa muito antes de entrar no Magistério, ou, atualmente, nos cursos de Pedagogia. Ao contrário do restante dos ofícios e das profissões, começamos a aprendê-la no primeiro dia que entramos na educação infantil (incluindo a creche).

Por outro lado, começa-se a prestar atenção na influência da biografia dos docentes, perspectiva que considera a importância de levar em conta o pessoal e o local para entender as ações humanas e as decisões políticas. Com esse posicionamento, Kathy Carter e Walter Doyle (1996) argumentam que uma abordagem biográfica ao processo de se tornar docente coloca a ênfase na transformação da identidade – a adaptação das compreensões e dos ideais pessoais às realidades institucionais e às decisões sobre como se expressar na prática docente (DAY et al., 2000; GOODSON, 2003; SANCHO, 2011). Enquanto isso, autores como Christopher Day, Alison Kington, Gordon Stobart e Pam Sammons (2006) afirmam que, apesar das noções de *self* e identidade pessoal serem utilizadas frequentemente na teoria e na pesquisa educacional, o compromisso crítico com o eu cognitivo e emocional dos professores como indivíduos raramente foi estudado.

Em nossa pesquisa, como indica o título *A construção da identidade docente dos professores de ensino fundamental na formação inicial e nos primeiros anos de trabalho*, enfocamos duas etapas (a formação inicial e a entrada na escola). Tal decisão foi guiada por um estudo anterior que revelava serem essas etapas fundamentais na maneira de aprender a ser professora (SANCHO, 2011). No entanto, isso não nos fez esquecer de que, como lembra Andy Hargreaves (1998), o que ocorre dentro da sala de aula e na escola está profundamente relacionado com o que ocorre fora dela. Em nosso caso, o trabalho realizado pelos professores não tem a ver apenas com suas evoluções e decisões profissionais, mas também pessoais. Como vêm mostrando os estudos de caráter biográfico, a forma de entender a educação e a aprendizagem e a maneira de colocá-la em prática não estão relacionadas somente com o que foi aprendido na formação inicial e permanente, mas estão enraizadas em sua bagagem cultural e biografia.

Por isso, utilizando uma metáfora do mundo da imagem, o foco de uma pesquisa, como se fosse uma câmera, limita o espaço com a orientação e, ao relacionar o que será enquadrado, deixa de fora parte da realidade. O que é visto na tela – nesse caso, na pesquisa – estaria em campo, porque fica dentro da visão da câmera e do interesse do pesquisador. Enquanto isso, o que fica de fora estaria fora do campo de estudo. Assim, compreendendo a impossibilidade de abarcar todos os elementos que formam um tema tão complexo como o da construção da identidade docente, levamos em conta o maior número de elementos possíveis (ver Fig. 2.1) e introduzimos outro – que abordaremos neste capítulo e que parece ter sido menos tratado na maioria dos estudos –, que denominamos "decisões educativas e profissionais". Colocamos aqui a ênfase nas decisões que saem da corrente principal, da tendência seguida pela maioria.

A partir de nossa própria biografia pessoal e profissional e da análise do conjunto de informações coletadas na pesquisa, consideramos importante deter-nos nas implicações dessa dimensão da construção da identidade docente. Em primeiro lugar, porque uma profissão como a de professor de ensino fundamental carrega um imaginário de certa linearidade: do ensino médio à universidade e de estar na escola porque gosta de ensinar, trabalhar com crianças, exercer um papel educativo (OECD, 2005), que também corrobora nosso estudo. Essa visão dificulta situar as trajetórias atípicas, que saem do padrão; as que seriam consideradas estatisticamente

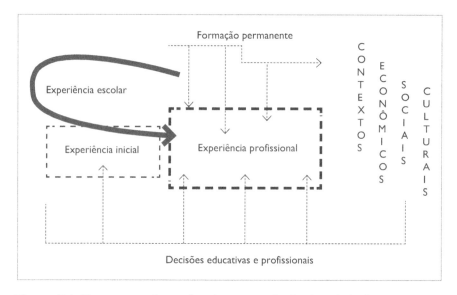

Figura 2.1 Elementos e dimensões da construção da identidade docente.

pouco significativas. E, em segundo lugar, porque os itinerários *bifurcados* e distintos podem proporcionar – como evidencia nossa pesquisa – experiências, conhecimentos, habilidades, competências, valores, etc., que, ao chegar à escola, podem ter vários tipos de implicações, como as seguintes:

- Levar o professor a entrar em choque com as estruturas e formas de fazer da instituição de ensino, o que pode ser uma fonte de mal--estar e inquietude, caso ele sinta-se desautorizado, não reconhecido em seus saberes ou incapaz de colocá-los em prática.
- Ser um motivo de inspiração para a escola que o acolhe, uma visão, um saber novo ou complementar que enriquece o projeto e a prática pedagógica central.
- Ampliar as oportunidades de trabalho ao poder oferecer um saber que não foi desenvolvido por outros.
- Diminuir a possibilidade de encontrar trabalho, porque o momento passou e a oferta de trabalho foi reduzida.
- Abrir as portas para outras etapas do sistema educativo. Esse ponto é particularmente relevante em um país onde não existe carreira

docente e onde as condições laborais e econômicas, no caso das professoras, dependem do tempo que se está no cargo, e não de sua formação ou de seu envolvimento no trabalho.

A próxima seção inclui um pequeno trajeto pelas decisões profissionais e pessoais que acreditamos que tem importância fundamental na maneira como as autoras se formaram como docentes, mostrando as implicações para nossos colaboradores na pesquisa.

NOSSO DEVER COMO DOCENTES

As decisões de vida e de profissão que estiveram e estão construindo o modo de ser docente das autoras deste capítulo estão separadas em tempo e espaço. Uma de nós vem de um país latino-americano e se encontra no começo de sua carreira profissional. A outra tem origem europeia e está na última etapa da vida profissional. Contudo, o compromisso de nós mesmas começarmos este capítulo revelou-nos muitas semelhanças significativas entre nós, assim como entre alguns dos participantes da nossa pesquisa. Nas palavras de Pierre Bourdieu (1983, 1997), nós duas compartilhamos, junto com eles, um certo capital cultural (e pessoal) que nos possibilitou ter estudos universitários. Uma, de um país como o Chile, onde a educação não é um direito, mas um serviço pelo qual se deve pagar; a outra, em um momento histórico em que, na Espanha, havia somente 23 universidades (hoje, são 71), às quais frequentavam 337.052 alunos (hoje, mais de 1,5 milhão, entre eles, os participantes deste estudo) (JIMÉNEZ, 2010), dos quais menos de 4% eram mulheres (MEC, 1969).

Nenhuma das duas passou diretamente da formação inicial para o trabalho na escola. Tivemos diferentes experiências profissionais, tanto no mundo social quanto no do mercado de trabalho. Algumas atividades nos enriqueceram e nos ajudaram tanto a entender a importância da educação e da formação em todos os âmbitos da vida – independentemente do trabalho que se realiza –, quanto a decidir com o que não trabalharíamos e avançar em direção ao tipo de docentes que gostaríamos de ser.

As duas continuaram estudando e se sacrificando muito para seguir em formação. Bernardita decidiu fazer mestrado e doutorado na Universidad de Barcelona. Juana, por ter realizado estudos de Magistério que não eram universitários, cursou licenciatura, foi a Londres trabalhar como professora assistente de espanhol, fez mestrado lá e, em seguida, um doutorado em Barcelona. Nesses momentos, sentimos que nossa identidade profissional segue em construção. Continuamos focadas em possibilitar que os alunos (para Bernardita, do ensino médio; para Juana, do ensino superior) aprendam, deem sentido ao mundo em que vivem e adquiram e desenvolvam, no contexto de nossas aulas, todos aqueles conhecimentos e habilidades que os permitam continuar aprendendo ao longo da vida.

Em nossa experiência *compartilhada*, apesar da distância geográfica e temporal, constatamos que nossa *formação*, nosso conhecimento profissional e nossa maneira de entender a tarefa docente não se sustentam apenas no formal, na experiência escolar e universitária e na prática profissional. Essa bifurcação, que nos fez sair dos caminhos convencionais e nos deu acesso a outros contextos, possibilitou que aprendêssemos, ampliássemos nossas perspectivas e, talvez, construíssemos uma visão mais complexa e comprometida sobre a educação. Além disso, no caso de Juana, possibilitou que ela começasse a dar aulas no ensino superior.

A análise das narrativas biográficas e do conteúdo dos grupos de discussão dos professores e das professoras[1] que participaram deste estudo fez com que criássemos uma "[...] correspondência metafórica entre dois conjuntos de experiências [...]", o que Carola Conle (1996, p. 297) denomina "ressonância". Esse processo fez com que ordenássemos e déssemos sentido ao conjunto de decisões pessoais e profissionais de nossos colaboradores e suas implicações na construção de sua identidade docente.

DECISÕES EDUCATIVAS E PROFISSIONAIS

Todos os docentes que colaboraram neste estudo, tanto nas microetnografias (M) quanto nos grupos de discussão (GD), mostravam-se intensamente interessados e comprometidos com os seus trabalhos. Essa foi uma das razões que os levaram a participar, assim como aqueles que respondem aos questionários geralmente são os mais envolvidos. Nesse caso, muitos deles manifestaram a importância de serem convidados a realizar esse tipo de estudo.

---
1 A partir daqui, usamos indistintamente professores ou professoras.

Às vezes, vamos tão depressa que não conversamos com os colegas que dão aula ao lado. Então foi um momento de reflexão. Na verdade, eu adorei, porque é importante que se faça esse tipo de pesquisa, que se fale desse tema, que isso seja levado em conta (Inmaculada, GD de Andaluzia).

Nem todos, porém, desenvolvem sua identidade profissional da mesma maneira. Emilio Tenti (2010) argumenta que o trabalho docente exige possuir e usar determinados conhecimentos e habilidades, utilizando as contribuições de Karl Polanyi para diferenciar entre o conhecimento pessoal e tácito. O primeiro é colocado em ação pelo cientista na sua pesquisa – na realidade, qualquer um que desempenhe uma profissão – e é pessoal porque "[...] em todo ato de conhecimento intervém uma contribuição apaixonada da pessoa que conhece o objeto que quer conhecer" (TENTI, 2010, p. 14). Ele não considera isso uma falha ou falta de rigor, mas um "fator vital de conhecimento" que necessariamente se submete a exigências externas e práticas responsáveis. No entanto, é certo, segundo Tenti (2010, p. 14), que

> [...] toda prática científica é cruzada por elementos pessoais, como paixões, ideais, esperanças, visões, etc., não é neutra, como alguns creem. Por sua vez, o conhecimento é tácito, quer dizer, não se pode expressar apenas com palavras: qualquer agente social conhece e sabe muito mais do que pode dizer com palavras e fórmulas.

O conhecimento tácito de Polanyi é, em certo sentido, equivalente ao "sentido prático" do sociólogo francês Pierre Bourdieu. A partir dessa perspectiva, o tácito é também estratégico, já que constitui "a faculdade fundamental da mente", que "[...] cria o conhecimento explícito, dá significado e controla seus usos [...]" (POLANYI, 1988, p. 193). O conhecimento tácito ocupa um lugar fundamental em trabalhos científicos, mas é ainda mais importante em profissões práticas, como a medicina ou a docência (POLANYI, 1988, p. 14-15).

Nesse caso, os professores não se limitam à *aplicação* técnica e rotineira de regras, modelos preceitos e prescrições que ficam superadas por suas próprias ideias sobre o ensino, a aprendizagem e a educação.

Para Emilio Tenti (2010), assim como começaram a propor os gregos, o conhecimento prático, ou tácito, é uma arte. Uma arte que não somente é adquirida e desenvolvida por meio da formação institucional e da própria prática, mas também por meio da interação com as experiências de professores fora do sistema escolar. Nessas experiências, o conhecimento e as habilidades que podem proporcionar as decisões educativas e profissionais dos docentes parecem ter uma considerável importância. Por isso, nas próximas seções, teremos esse tema como foco.

A ESCOLHA DOS ESTUDOS

A maioria de nossos colaboradores escolheu o Magistério como primeira opção pelos mesmos motivos que aponta um estudo da OCDE (Organização para a Cooperação e o Desenvolvimento Econômico) (OECD, 2005, p. 68). São eles: desejo de ensinar (cerca de 70%), de trabalhar com crianças (60%) e de exercer um papel educativo (40%). Quase ninguém cita a estabilidade profissional (20% no estudo da OCDE); algo compreensível no momento atual, em que começar a trabalhar em uma escola (pública ou privada) não é garantia de trabalho fixo. Também não parece influenciá-los a questão do tempo livre, as férias e o salário (10 e 2%, no estudo citado). Contudo, para María (GD de Cantábria), para quem a educação não é suficientemente valorizada, esses dois últimos fatores podem ajudar a *desprestigiar* a profissão.

> Quando há alguma manifestação ou concentração, as pessoas dizem "Ah, do que eles estão reclamando, com o que recebem, com as férias que têm?". Eu acho que tem gente que só vê [a profissão] como férias e salário, não vê nada mais. É verdade que se ouvem comentários, quando deveria ser fundamental, porque o funcionamento de um país tem como base a educação.

Enquanto, na prática, questionam a ideia de que as professoras têm muito *tempo livre* e, ao contrário, afirmam que seu trabalho é ininterrupto.[2]

> Acho que estamos vivendo uma mudança, uma transformação total; quando não são as competências básicas, é o Inglês; quando não é o Inglês, são as TIC [Tecnologias da Informação e Comunicação]. Seja o que for, além do tempo que dedicamos ao trabalho específico para nossa profissão (que é muito, apesar de muitos acharem que vivemos muito bem, que não podemos nos queixar), já não é somente a dedicação em sala de aula, são as horas

---

[2] Esse aspecto será aprofundado no Capítulo 7.

que se tiram da vida para continuar aprendendo, para melhorar e moldar os alunos na instituição de ensino (Juan, GD de La Rioja).

Alguns de nossos colaboradores – uma minoria – tomaram a decisão de serem professores por acaso ou pela nota do vestibular.

> Não tinha clareza alguma. Lembro que, quando me inscrevi para o vestibular, coloquei: educação infantil, serviço social e engenharia técnica agrícola. E, pronto, me colocaram na educação infantil. Eu gostava muito de crianças, e não vemos crianças até o terceiro ano do curso. Mas, quando você está no estágio, se sente realizado ou frustrado, e eu gosto disso (Laura, GD de La Rioja).

> Eu também entrei no Magistério quase por acaso, porque o que queria fazer era o antigo INEF [Faculdade de Ciências de Atividades Físicas e do Esporte], mas não consegui entrar por causa das notas e das provas físicas, então, bom, eu disse: "Vou entrar no Magistério em Educação Física, que está relacionado, e no futuro posso estudar INEF". Mas me dei conta de que gostava muito do Magistério, decidi não fazer INEF e me focar exclusivamente à docência, no ensino fundamental (Juan, GD de La Rioja).

Porém, também encontramos algumas pessoas com caminhos diferentes até tomar a decisão de fazer Magistério.

Mónica (M de Sandra e Mónica) manifestava ter "[...] sentido devoção por dois mundos muito diferentes. Um praticamente impossível, e outro, muito mais ao meu alcance: ser piloto de avião (o impossível) e dedicar-me à docência (o mais acessível)". Depois de muitas dúvidas, optou por estudar Pedagogia, enquanto as dúvidas persistiam.

> No primeiro ano do curso, estava considerando abandoná-lo e dedicar-me à aviação, mas decidi seguir adiante. Tudo que começa deve acabar e, assim, continuei me formando. Pensei em fazer especialização em Inglês no Magistério, mas não fui aceita, então decidi fazer mestrado.

Assim, finalmente cursou o Magistério.

No caso de Amaiaz, do GD do País Basco, houve a possibilidade de considerar uma nova profissão.

> Eu, na verdade, não pensava [em ser professora]. Passei 15 meses em Nova York e, quando voltei, já que antes estudei audiovisuais e estava trabalhando como câmera para a televisão, disse: "já que sei Inglês, vou fazer Magistério

em língua estrangeira". E assim comecei e, no estágio, tive que ir vendo se gostava e, ao ver que gostava, me senti bem.

Por fim, encontramos trajetórias como as de Jenny (M de Fernando e Jenny) ou Xavi (M de Juana M. e Xavi), que decidiram se formar como professores depois de percorrer diferentes caminhos, incluindo outras experiências de trabalho. As decisões de Jenny foram fruto de um mal-estar adolescente que a levou a buscar novas experiências e vivências, sempre vinculadas ao seu interesse pelo social.

> Durante o ensino médio, fui muito rebelde e fiquei contra minha família. Durante o ensino médio, foi tudo bem, mas larguei a escola e terminei o curso em uma instituição de ensino noturna. Aos 18 anos, saí de casa. Fiz um curso superior de esporte e educação no IES de Vall d'Hebron. É que eu gosto da educação: trabalhei em cantinas, colônias de férias, e também fui salva-vidas, monitora de natação... (M de Fernando e Jenny).

A decisão de Xavi traz um ponto de inflexão em uma trajetória escolar marcada pela sensação de não encontrar seu lugar de aprendizagem, algo que ele situa no momento em que a família o tirou de uma escola de educação infantil – que ele idealiza – e o levou a uma creche privada religiosa – que entende como o início de suas desventuras escolares. Após várias mudanças de escola, de ser rotulado como estudante mediano, de realizar estudos de formação profissional e de trabalhar com seu pai, como encanador e confeiteiro – por seus estudos de nível médio em Hotelaria e Turismo – e visto que nada do que havia feito o satisfazia, decidiu fazer vestibular para poder fazer um curso Técnico Superior em Agências de Viagem. Essa decisão deu foco a sua trajetória. Encontrou seu *lugar de aprendizagem* na relação pedagógica proposta por um professor de Geografia e História. Recuperar a satisfação de aprender o fez conectar-se com sua experiência na escola infantil e decidiu fazer Magistério.

> Poderíamos dizer que encontrei o sentido de por que quero ser professor me lembrando daquelas professoras da educação infantil, com aquela afetividade e capacidade de escutar, e o fato de encontrar aquele professor de História (Antoni Bové Carles) em um momento determinado da minha vida, em que me sentia academicamente afundado e não sabia se realmente prestava ou não para estudar. Aqui é onde encontro esse elo entre a afetividade, a compreensão

e a escuta que me anima a continuar no processo educativo. E, uma vez na universidade, encontro uma série de pessoas que me animam cada vez mais.

Com certeza, todos os participantes desta pesquisa, independentemente de como cursaram o Magistério, compartilham o interesse e o desejo de se dedicar à docência. Poderíamos argumentar que, pelo fato de todos terem seguido o que é considerada uma trajetória habitual (do ensino médio ao Magistério), suas experiências, seus conhecimentos e suas habilidades vieram de contextos parecidos, ainda que continuassem modulados por condições e predisposições pessoais e sociais. Contudo, a diversidade de situações revela que, desde o início, há formas diferentes de conceber a docência. Essas formas podem implicar maneiras diferentes de construir a identidade docente. Para Stuart Hall (1996, p. 4), "[...] um processo para converter-se em um lugar de ser [...]", um *lugar* difuso, sempre inacabado, muitas vezes contraditório, socialmente construído e que muda ao longo do tempo nas sociedades e nos grupos (BRAIDOTTI, 2000; BURR, 1995; GERGEN, 1992; KINCHELOE, 2001; O'LOUGHLIN, 2001).

Nesse sentido, o que nos interessa colocar em destaque é a necessidade de prestar atenção a como se criam e se colocam em ação os conhecimentos pessoal e tácito na acepção mencionada anteriormente, não apenas durante a formação inicial, mas também no que é subjacente às decisões pessoais ao escolher ser professor. Uma primeira hipótese é a de que a ampliação da experiência além do institucional pode situar os docentes em uma melhor posição para entender a complexidade do mundo que os rodeia. Frequentemente, aqueles que se dedicam à educação são criticados *por não terem ideia do mundo real*, porque, sem perspectiva de continuidade, entramos na escola, saímos em junho* com um diploma e, se o mercado de trabalho é favorável, podemos voltar a ela em setembro, dessa vez como professores e professoras de escola, do instituto ou da universidade. A segunda hipótese é a de que a escolha *tardia* parece ocorrer de maneira mais consciente, não tão levada pela inércia. Em todo caso, trata-se de um tema recuperado de *fora do campo*, que deve continuar sendo explorado e que teremos que unir o papel do sentido das decisões profissionais na forma de ser professora.

---

* N. de R.: Na Espanha, o ano letivo inicia-se em setembro e termina em junho. No Brasil, geralmente o ano letivo inicia-se em fevereiro e termina em dezembro.

AS ENTRADAS E OS TRÂNSITOS NA PROFISSÃO

Na Espanha, nos últimos anos, antes do surgimento da crise econômica e dos cortes de verbas importantes na educação, ter um título de Magistério era quase garantia de ter trabalho no dia seguinte de sua conquista. O aumento da população escolar ocasionado, sobretudo, pela imigração, a redução do número de alunos por sala de aula e a melhora da atenção e a chamada *aposentadoria especial LOE*, que permitia aos docentes com mais de 30 anos de serviço adotar a aposentadoria voluntária e antecipada aos 60 anos, com 100% do salário, foram fatores que permitiram a entrada de um bom número de novos professores no ensino fundamental.[3] Quando iniciamos o trabalho de campo da pesquisa, porém, o panorama havia começado a mudar de maneira profunda. Tornava-se mais difícil encontrar trabalho, e essa situação continua.

Ainda assim, praticamente todo o corpo docente de ensino fundamental que participou da pesquisa, com uma situação de trabalho mais ou menos precária, estava trabalhando. Para a maioria, a opção profissional seguida foi a que se considera habitual: terminar a graduação e começar a trabalhar na escola. Essa situação centraria todo o peso da construção da identidade profissional no lugar de trabalho, nas condições laborais e na formação permanente – temas que serão tratados em outros capítulos deste livro. É óbvio que sempre fica o âmbito pessoal, cultural e social de cada indivíduo, a influência de seu *capital cultural* e das interconexões entre as experiências e os conhecimentos dos professores dentro e fora da escola. A partir desse nosso ponto de vista, é importante considerar as trajetórias que fogem do habitual, porque, como apontamos anteriormente, podem trazer novos olhares sobre a profissão. Desse modo, nesta seção, consideraremos as entradas e os trânsitos da profissão que *saem do normal*.

Buscando trabalho ou experiência

Como destacamos, praticamente todos os nossos colaboradores entraram direto na escola, com condições mais ou menos precárias, ao terminar a graduação. Porém, alguns – bem poucos – levaram algum tempo, obrigados

---

[3] A esses elementos, na Catalunha, deveria ser acrescentada a implantação da "sexta hora", para igualar o número de horas de aulas entre alunos da escola pública e da privada.

ou não pelas circunstâncias do mercado de trabalho, em que também buscavam experiências profissionais ou pessoais que contribuíssem para o seu desenvolvimento. A experiência no mundo do trabalho não é algo trivial. De fato, certos países, como a Finlândia, a Holanda e a Hungria, reconhecem e valorizam o conhecimento e as competências que podem trazer esse tipo de experiência e as levam em conta na hora de determinar o salário inicial dos professores (OECD, 2005).

Alguns de nossos colaboradores explicam-nos as razões de sua demora:

> Terminei o Magistério em 1999, mas fui aprovado nos exames há um ano, em 2011. Apresentei-me tarde para realizar o processo seletivo, porque trabalhei em outra área (Mari Carmen, GD de Andaluzia).

> Trabalhei em outros setores que não tinham nada a ver com educação e, quando me chamaram para fazer a primeira substituição, lembro que foi em uma instituição de ensino de educação especial e fui com essa tensão, mas também com a alegria de "bom, agora minha vida muda, porque vou trabalhar com o que gosto" (Eugenio, GD de Galícia).

> Quando terminei o Magistério, fui trabalhar com outras coisas completamente diferentes e, depois de alguns anos na academia, no supermercado, em bares, decidi que não poderia continuar assim e, então, participei do processo seletivo. Em seguida, claro, como tinha experiência de trabalho com crianças, o contato com elas não foi nenhuma dificuldade para mim (Eva, GD de Galícia).

Em outros casos, são as incertezas que levam a fazer uma viagem da qual se volta enriquecido e renovado. Foi a decisão que tomou Beatriz, do GD de La Rioja, que, ao terminar a graduação, começou:

> A buscar trabalho, porque não sabia muito bem se queria continuar estudando e, enquanto isso, decidi começar a trabalhar em uma loja de roupas e, mais adiante, decidi mudar um pouco mais meus planos e resolvi que gostaria de fazer Magistério em língua estrangeira. Mas disse "Não, para isso vou para o exterior". E fui para passar dois meses e fiquei três anos. Lá, trabalhei em dois colégios e em um bar, aos sábados, para fazer uma poupança, dei aulas de conversação para adultos. E logo que cheguei à Espanha, fiz o processo seletivo.

É também o caso de Edu (M de Juana M. e Edu), de Barcelona, que se decepcionou com a instituição de ensino onde fazia o Magistério e decidiu, sem terminar o curso, passar uma temporada em Londres. Lá, trabalhou em um café e tentou entrar no sistema educacional. Conseguiu o que queria como ajudante de uma escola de educação infantil, já que seu nível de Inglês não permitia que trabalhasse no ensino fundamental. Para ele, foi uma etapa muito enriquecedora e educativa.

> Foi muito útil para mim. É uma experiência que teria no último ano do ensino superior ou quando terminasse os estudos. É muito interessante descobrir outras coisas, descobrir o mundo, encontrar seu lugar, trabalhar, etc.

Ao voltar para Barcelona e terminar o curso, seu conhecimento de Inglês facilitou para que conseguisse um emprego em uma escola privada que também recebe alunos do sistema público (cujas vagas são pagas pelo Estado), durante dez horas por semana, onde leciona a disciplina de Inglês. Viu isso como um grande desafio, mas agora o vive e aprecia como uma grande oportunidade.

Um caso diferente é o de Marta (M de Amalia y Marta), que, ao terminar o Magistério de Educação Especial, começou estudos de Psicopedagogia, matriculou-se em um programa de doutorado, colaborou durante dois anos com um grupo de pesquisa consolidado e decidiu começar a trabalhar na escola enquanto continuava desenvolvendo a tese de doutorado.

Porém, nem todas as experiências pessoais e profissionais enriquecedoras e que ampliam o sentido de ser docente garantem a inserção no mercado de trabalho. Já não era assim quando fizemos o trabalho de campo. Isso é exemplificado no caso de Amaia, do GD do País Basco, que, cinco anos depois de terminar o curso, dá aulas extracurriculares de Inglês em escolas e achava que seu problema era ter viajado: "[...] fui à República Dominicana, me agradou e fiquei lá por um tempo. Então, voltei, e as portas tinham se fechado para mim". Porém, ela também reivindica seus aprendizados:

> Tenho que dizer, a meu favor, que toda essa experiência que tive fora, que não está nos livros, nos colégios e na universidade, foi muito útil para mim. No plano pessoal e profissional, pude ensinar muito mais do que se tivesse terminado o curso e começado a trabalhar e ensinar em um colégio pelo resto da minha vida.

Além disso, ela reconhece que essa experiência abriu a possibilidade de pensar em outras formas de relação com os alunos.

Além da formação permanente

A maioria dos nossos colaboradores reconhece estar mais ou menos envolvida nas atividades e nos cursos de formação permanente oferecidos por diversas instituições e suas respectivas comunidades autônomas. Alguns deles também participaram de outras modalidades educativas, mais autogeridas ou não tão diretamente dirigidas ao ensino fundamental. Todos esses aspectos são desenvolvidos no Capítulo 8. Nesta última seção, focaremos nas decisões do pequeno grupo que está no mestrado ou no doutorado, algo pouco habitual entre professores de ensino fundamental.

Visto que nossos colaboradores saíram da universidade com um diploma,[4] muitos deles estavam realizando cursos complementares para obter grau de professor de ensino fundamental. Contudo, apenas alguns poucos estavam cursando ou a ponto de cursar pós-graduação.

Quatro dos participantes dos grupos de discussão (de Catalunha, La Rioja e Cantábria) haviam cursado, estavam cursando ou haviam decidido se inscrever no mestrado – uma experiência educativa considerada altamente positiva, que apresentava desafios e abria possibilidades a eles.

> Ano passado fiz mestrado em Desenvolvimento Rural, e vimos muito de Pedagogia multi-nível, como trabalhar por projetos. Suponho que, como estava trabalhando e fazendo mestrado, para mim, era mais fácil integrar ou experimentar, na escola, o que aprendia aqui (Marta, do GD da Catalunha).

> Estou no mestrado em Educação Especial de meio expediente. Queria fazer Psicopedagogia, mas não me aceitaram, porque ainda não tinha experiência, e decidi fazer esse mestrado. [...] Na Universidade, te dão uma boa teoria e, depois, temos os estágios, mas eles necessitam de uma boa teoria e, na universidade, não era possível fazer a relação, porque com bastante dificuldade se fazia o estágio. Entretanto, agora, sinto que pode ser por causa do meu jeito de ser, que preciso ter referências por trás e saber sobre as maneiras de

---

4 É preciso levar em conta que o Espaço Europeu de Educação Superior, que transformou a diplomação de professor de ensino fundamental de três anos em um grau superior de quatro, começou a funcionar em 2009, cujos primeiros graduados saíram da universidade em 2013.

ensinar. Assim, busco mais teoria do que prática. Por exemplo, no mestrado em Educação Especial, as professoras que não estão trabalhando pedem muitos casos práticos, unidades didáticas, essas coisas. Eu, no entanto, prefiro saber, ter uma filosofia minha, ter uma teoria e um critério para depois atuar e atuar (María, do GD de Barcelona).

Para mim, a formação [é importante]. Por exemplo, agora estou fazendo mestrado em Neuropsicologia e Educação, porque sentia a necessidade de me aprofundar e também participar do processo seletivo (María, GD de La Rioja).

Cristina 1, do grupo de discussão da Cantábria, considerava fazer o curso pela necessidade que sentia de que não fossem os outros que pensassem, elaborassem, pesquisassem e prescrevessem por ela:

Começarei um mestrado em Pesquisa e Inovação, me joguei. Eu disse: "Como o processo seletivo está suspenso e parece que terei algum tempo, gostaria de começar a ver algo a respeito disso".

Cristina 1 e todos seus colegas que estão fazendo mestrado e doutorado, como veremos a seguir, apontam para uma noção de construção de identidade docente citada por Neil Hooley (2007). Para o autor, a identidade profissional dos professores não está na gestão do controle, mas na participação na produção do conhecimento.

Nesse sentido, dos nove professores com os quais realizamos as nove microetnografias, quatro estão matriculados em programas de doutorado, com suas teses mais ou menos avançadas. Três deles fizeram mestrado, e um deles obteve o diploma em estudos avançados (DEA).

Jenny encontrou a motivação para se matricular em um mestrado oficial sobre Pesquisa em Didática, Formação de Professores e Avaliação (totalmente orientado à pesquisa e à realização da tese de doutorado), em um de seus professores do Magistério que começou a questionar coisas em que antes não havia pensado.

Xavi matriculou-se no mesmo mestrado, levado por sua vontade de pesquisar sobre a vigência e as implicações da prática educativa dos pensamentos de Loris Malaguzzi. O curso fez com que descobrisse novas perspectivas sobre a educação. Agora, o desenvolvimento de sua tese permitiu que entrasse em contato, conversasse e observasse um bom número de pessoas diretamente relacionadas com o autor e consideradas detentoras do seu legado. Além disso, pôde viajar para Reggio Emilia enquanto trabalha meio expediente em uma escola e leciona uma disciplina no curso de Professores de Educação Infantil de uma universidade privada.

Nesse contexto, em relação ao que os estudos de doutorado possibilitam, Marta, que está a ponto de defender sua tese, contextualiza uma faceta importante do desenvolvimento da identidade docente.

> As tardes na universidade e o contato com os professores que lecionavam as disciplinas de Magistério me ajudaram a pensar na minha prática como docente, a reconsiderar atitudes que eu já tinha adotado ou que achava lógicas em um determinado momento. A verdade é que foi um luxo poder contar com outras visões, pessoas que questionavam o que eu estava fazendo ou experimentando coisas minhas bem particulares, sem perceber outras maneiras de fazer ou sentir.

Certamente, parece que professores e professoras que decidiram cursar pós-graduação – como discorremos anteriormente – não querem permanecer meros transmissores de conhecimento dos outros e fazem um esforço notável para participar na criação do conhecimento.

PARA CONTINUAR PESQUISANDO

Começar um livro com um capítulo focado no que denominamos *fora do campo da pesquisa* traz elementos importantes ao evoluir nossa compreensão sobre a construção da identidade docente, principalmente por ajudar a romper uma visão excessivamente homogênea de um grupo caracterizado, em geral, como passivo e previsível.

Há anos, a realização de um estudo de caso sobre "O papel do ensino fundamental na construção da subjetividade" (ESPAÑA, 2003-2006) nos fez refletir a respeito do relatório sobre a sensação de calma e tranquilidade que transmitia a escola. Com a realização daquele estudo, nos perguntarmos, em longo prazo, assim como os próprios professores apontavam, se tal calma e tranquilidade poderiam representar uma certa imobilidade e a adoção de uma certa rotina na forma de trabalhar, contribuindo para a criação de um ambiente de limbo ou "calma branca" (HERNÁNDEZ-HERNÁNDEZ,

2000).* Essa situação pode promover a perda de interesse dos docentes pelo ritmo das transformações do mundo que rodeia os alunos do mundo atual e, por consequência, causar uma falta de curiosidade de conhecer como se relacionam com essas mudanças. Isso seria um distanciamento das novas representações e dos novos conhecimentos sobre a infância e um desinteresse pelas visões atualizadas e relevantes sobre as condições da aprendizagem e das formas de propor uma educação com sentido. Ou seja, esse ambiente tranquilo pode estabelecer a crença de que existe uma forma unificada e permanente de entender a educação e a aprendizagem, que nega ou oculta outras formas e maneiras de pensar, inclusive entre os membros da própria escola.[5]

Para finalizar este capítulo, podemos concluir que as decisões profissionais e laborais que fogem da *norma*, ou seja, que não seguem o caminho trilhado, podem contribuir para a formação de uma identidade profissional que *enfrenta* essa calma e traz um ponto de tensão, reflexão e, na medida possível, mudança e melhoria. Apesar disso, o tema ainda necessita maior aprofundamento, porque, como vimos, o que se vislumbram são distintos tipos de situações contraditórias, que vão desde o choque de visões até a inspiração, passando pela ampliação ou redução das oportunidades e chegando à abertura de portas a outras etapas do sistema educativo. Em todo caso, a habilidade de sermos nós mesmos, de dirigir nossas ações e decisões, parece, em si, um valor necessário para promover uma educação focada na capacidade de sermos sujeitos, e não na repetição de conteúdos sem sentido que são esquecidos após as avaliações. Por isso, faremos algumas indicações.

RECOMENDAÇÕES E SUGESTÕES

Em primeiro lugar, destacamos que as recomendações possíveis de realizar no capítulo sobre trajetórias e decisões educativas e profissionais foram extraídas principalmente das mesmas contribuições feitas direta ou indi-

---

* Termo que os marinheiros utilizam para definir o momento em que estão no meio do mar, envoltos por uma neblina espessa e sem vento. Esse fenômeno atmosférico pode ter certas semelhanças com a situação do ensino fundamental: envolta por uma neblina de autossatisfação, sem vento (sem inovação, sem processo de repensar a escola, sem questionamento e crítica, porque não está ocorrendo nada) e sem perceber que as crianças e o mundo estão mudando.

5 Uma versão reduzida do relatório pode ser encontrada em Sancho et al. (2010).

retamente por quem participou da pesquisa. Em geral, parecia que as professoras que participavam dos grupos de discussão não faziam mais do que propor melhorias nas políticas educativas, nos processos de indução dos centros educativos aos encarregados pela formação inicial e, principalmente, a outros professores em processo de formação inicial, assim como aqueles que pensam em fazer Magistério (tudo segundo suas próprias experiências). Sintetizamos a seguir essas propostas:

- Quanto à formação permanente, pode-se dizer que os professores a recomendam ou a propõem como uma oportunidade de ter um espaço de reflexão, para repensar suas práticas como docentes e buscar lugares em que se possa contar com outras visões que questionem o que está sendo feito.
- É importante buscar, de alguma maneira, romper com a solidão e o isolamento que, muitas vezes, se manifestam nas escolas, por meio de espaços onde é possível compartilhar assuntos não apenas profissionais, mas também sociais, culturais e pessoais.
- Essa busca por espaços de reflexão e pelo aperfeiçoamento da formação formal ou institucional se encontra e se complementa com a ideia do conhecimento pessoal e tácito desenvolvido neste capítulo, no sentido de que a busca vai além, para, assim, se abrir à possibilidade de compreender melhor a complexidade do mundo que nos rodeia.
- A busca deve envolver caminhos, como experiências de trabalho prévias em outras áreas, viajar e conhecer outros países, outras culturas, que possam se transformar em conhecimentos, habilidades e competências muito valiosas, como ganhar autonomia e segurança das próprias capacidades, conhecer diferentes formas de trabalhar ou de questionar os caminhos únicos para atingir certos objetivos, etc. De alguma maneira, todas essas experiências contribuíram para o desenvolvimento de conhecimentos e competências que não eram encontrados em sala de aula e que, sem dúvida, fazem a diferença no momento de pensar a tarefa de educar.
- Buscar soluções para as carências educativas identificadas na própria trajetória que permitam que se tomem caminhos diferentes,

inove com a segurança de contar com referências e, assim, mantenha ativa a ideia de continuar aprendendo pela vida toda, para não cair onde estão os professores que não querem se dedicar à educação, que é um temor generalizado daqueles que participaram da pesquisa.

- Nessa busca por soluções, a instituição que acolhe esses docentes tem um papel fundamental para incentivar e estimular os membros do grupo a empreender essas ideias, mantê-las e intensificá-las, em vez de realizar demandas orientadas à repetição dos modelos já testados.

- Da mesma maneira, os encarregados da formação inicial podem fomentar espaços e experiências formativas que vão além do institucional e que abram a visão do campo cultural e social daqueles que têm como tarefa educar os cidadãos do século XXI. Essa tarefa teria de ser complementada com editais, subvenções e oportunidades públicas que permitissem aos professores ampliar e enriquecer suas experiências pessoais, seu capital social e cultural e sua capacidade de seguir aprendendo.

REFERÊNCIAS

AVALOS, B. La inserción profesional de los docentes. *Profesorado. Revista de currículum y formación del profesorado*, v. 13, n. 1, p. 43-59, 2009.

BOURDIEU, P. *Capital cultural, escuela y espacio social*. México: Siglo XX, 1997.

BOURDIEU, P. *Poder, derecho y clases sociales*. Bilbao: Descléde Brouwer, 1983.

BRAIDOTTI, R. *Sujetos nómadas*: corporización y diferencia sexual en la teoría feminista. Buenos Aires: Paidós, 2000.

BURR, V. *An introduction to social constructionism*. London: Routledge, 1995.

CARTER, K.; DOYLE, W. Personal narrative and life history in learning to teach. In: SIKULA, J. P.; BUTTERY, T. J.; GUYTON, E. (Ed.). *Handbook of research on teacher education*. New York: Macmillan, 1996. p. 120-142.

CATTLEY, G. Emergence of professional identity for the pre-service teacher. *International Education Journal*, v. 8, n. 2, p. 337-347, 2007.

CONLE, C. Resonance in preservice teacher inquiry. *American Educational Research Journal*, v. 33, p. 297-325, 1996.

DAY, C. et al. *The life and work of teachers*: international perspectives in changing times. London: Falmer, 2000.

DAY, C. et al. The personal and professional selves of teachers: stable and unstable identities. *British Educational Research Journal*, v. 32, n. 4, p. 601-616, 2006.

DAY, C.; SACHS, J. (Ed.). *International handbook on the continuing professional development of teachers*. Maidenhead: Open University, 2004.

ESPAÑA. Ministerio de Ciencia e Innovación. *El papel de la escuela primaria en la construcción de la subjetividad*. Barcelona, 2003-2006. (BSO2003-06157). Disponível em: <http://www.cecace.org/projects.html>. Acesso em: 04 abr. 2016.

GERGEN, K. *El yo saturado*: dilemas de identidad en el mundo contemporáneo. Barcelona: Paidós, 1992.

GOODSON, I. F. *Professional knowledge, professional life*: studies in education and change. Maidenhead: Open University, 2003.

HALL, S. Who needs "identity"?. In: HALL, S.; DU GAY, P. (Ed.). *Questions of cultural identity*. London: Sage, 1996. p. 1-17.

HARGREAVES, A. The emotional practice of teaching. *Teaching and Teacher Education*, v. 14, n. 8, p. 835-854, 1998.

HERNÁNDEZ-HERNÁNDEZ, F. Para salir de la "calma blanca" en la que se encuentra la escuela primaria. *Aularium*, p. 14-24, 2000.

HOOLEY, N. Establishing professional identity: narrative as curriculum for pre-service teacher education. *Australian Journal of Teacher Education*, v. 32, n. 1, p. 49-60, 2007. Disponível em: <http://dx.doi.org/10.14221/ajte.2007v32n1.4>. Acesso em: 31 mar. 2016.

JIMÉNEZ, J. La universidad en números del elitismo a la institución abierta. *Cuadernos de Pedagogía*, v. 403, p. 18-23, 2010.

KINCHELOE, J. L. *Hacia una revisión crítica del pensamiento docente*. Barcelona: Octaedro, 2001.

MEC. *La educación en España*: bases de una política educativa. Madrid: MEC, 1969.

OECD. *Teachers matter*: education and training policy. Attracting, developing and retaining effective teachers. Paris: OECD, 2005.

O'LOUGHLIN, M. The development of subjectivity in young children: theoretical and pedagogical considerations. *Contemporary Issues in Early Childhood*, v. 2, n. 1, p. 49-65, 2001.

RIVAS, J. I.; LEITE, A. E. Aprender la profesión desde el pupitre. *Cuadernos de Pedagogía*, v. 436, p. 34-37, 2010.

SANCHO, J. M. (Coord.). *Con voz propia*: los cambios sociales y profesionales desde la experiencia de los docentes. Barcelona: Octaedro, 2011.

SANCHO, J. M. et al. ¿Qué niño/niña contribuye a formar la escuela Montana Verde?. In: HERNÁNDEZ-HERNÁNDEZ, F. (Coord.). *Aprender a ser en la escuela primaria*. Barcelona: Octaedro, 2010. p. 27-56.

TENTI, E. Configuraciones sociales y culturales de estudiantes y docentes de los ISFD: algunas claves interpretativas. In: TENTI, Emilio (Coord.). *Estudiantes y profesores de la formación docente*: opiniones, valoraciones y expectativas. Buenos Aires: Ministerio de Educación de la Nación, 2010. p. 11-34.

3

A formação inicial dos professores de ensino fundamental: entre a necessidade e a busca de sentido

Sandra Martínez Pérez
Fernando Herraiz García

Resumo

O presente capítulo parte de nossas experiências e práticas educativas, com o objetivo de compartilhar como percebemos a formação inicial, como formadores em formação. Também indicamos como fomos nos aproximando, a partir das microetnografias e dos grupos de discussão, das noções e representações relacionadas com a identidade profissional dos docentes que participaram do nosso estudo. Uma identidade profissional não é algo estático, mas um constante processo de (re)interpretação das próprias experiências. Essa noção nos levou a explorar o papel da formação inicial na construção da identidade docente das professoras. O texto se articula a partir da abordagem da dimensão institucional da formação inicial, segue a passagem de estudantes a docentes a partir da nossa própria experiência e revela a posição dos jovens docentes em relação aos conhecimentos proporcionados pela universidade e ao seu papel atual de docente.

A FORMAÇÃO INICIAL DOS PROFESSORES: UMA ÁREA CONTROVERSA

Parece incontestável a importância da formação inicial para qualquer indivíduo que dedique sua vida profissional ao desenvolvimento e cuidado de outros. Ainda mais no caso dos professores e das professoras de ensino fundamental, cuja ação ocorre em um dos momentos mais relevantes do desenvolvimento dos alunos.[1] No entanto, muitos países – entre eles, a Espanha–, até relativamente poucos anos atrás, não haviam começado a dar a atenção e a dedicação que a profissão merece. A escassa formação acadêmica e pedagógica dos docentes de ensino fundamental, algo que perdura em países em que a escolarização é um fenômeno recente, parece um tema recorrente que alimenta discursos e iniciativas de diferentes tipos. Focamos o contexto espanhol, que tem muitas características em comum com diferentes países da OCDE (Organização para a Cooperação e o Desenvolvimento Econômico) (MUSSET, 2010). Na Espanha, até a Ley General de Educación de 1970, bastava ter o ensino médio completo e três anos de estudo em uma *Escuela Normal* para obter o título de professora nacional de ensino fundamental. Essa lei (ESPAÑA, 1970), que envolveu uma profunda reorganização do sistema educativo como um todo, legislou a criação de *Escuelas Universitarias de Formación Profesorado* de EGB (e também de Estudos Empresariais, Enfermagem e Serviço Social). Tratava-se de transformar cursos que praticamente estavam no âmbito da formação profissional e não tinham relação alguma com a universidade – ainda que fossem de faixa inferior (de ensino médio em vez de graduação).

A Ley Orgánica de Reforma Universitaria (LRU) de 1983 (ESPAÑA, 1983), seguindo a tendência dos países da OCDE (MUSSET, 2010), integrou as escolas universitárias à universidade, dando lugar, na maioria dos casos, às faculdades de Educação. Porém, mantiveram-se os estudos de Magistério como um bacharelado de três anos, algo que mudou somente em 2009, com a implantação do Espaço Europeu de Ensino Superior. Assim, a formação inicial de todos os colaboradores da nossa pesquisa consistiu em um bacharelado de três anos, uma formação articulada por meio de um programa do tipo consecutivo em que as distintas áreas curriculares eram estudadas de forma conjunta com os conhecimentos profissionais ao longo do curso (MUSSET, 2010). Desse

---
[1] Ver Capítulo 1.

modo, a formação inicial teve como foco uma coleção de conteúdos obrigatórios que tentam dar conta das duas dimensões da formação: o conteúdo de ensino e a prática na realidade de uma instituição de ensino (Quadro 3.1).

A essa formação básica deve-se acrescentar o conjunto de disciplinas obrigatórias e optativas que cada universidade escolhe até completar a carga horária letiva necessária.

Na maioria dos países, a formação inicial, ao longo desses anos, não deixou de estar sujeita a mudanças, críticas e controvérsias, subjacentes à visão dos professores. Como começamos a constatar em uma pesquisa anterior (SANCHO, 2011), em geral, os programas de estudo não conseguem proporcionar aos professores uma bagagem que permita colocar em prática um ensino de qualidade nas escolas. Em alguns casos, como ocorreu na Grã-Bretanha, no início da década de 1990, esse tipo de argumento serviu para que o governo conservador publicasse duas instruções relacionadas à formação inicial do corpo docente. Essas instruções estavam relacionadas ao que seria o equivalente ao ensino fundamental até a primeira série do ensino médio no Brasil,* alterando de forma radical a relação entre as escolas e as universidades e, como alternativa, aprimorando a ênfase no treinamento prático (FURLONG et al., 2000).

QUADRO 3.1 Disciplinas obrigatórias do Plano de Estudos do Bacharelado de Professor de Educação Fundamental na Espanha

Disciplinas obrigatórias	
Profissionalizantes	**Curriculares**
Didática geral	Bases psicopedagógicas da educação especial
Psicologia da educação e desenvolvimento em idade escolar	Ciências naturais e didática
Teorias e instituições	Ciências sociais e didática
Organização do centro escolar	Educação artística e didática
Sociologia da educação	Educação física e didática
Estágio	Língua estrangeira e didática
	Língua, literatura e didática
	Matemática e didática
	Novas tecnologias aplicadas à educação

---

* N. de R.: Os autores fazem menção a modificações na "educação primária e secundária". Conforme exposto em nota na apresentação deste livro, educação primária e secundária, juntas, correspondem aos ensinos fundamental e médio no Brasil, embora não respectivamente.

No entanto, Marilyn Johnston-Parsons (2012), referindo-se aos Estados Unidos, aponta como a formação inicial dos professores está permanentemente sob ataque. Foi acusada de ser progressista demais e, ultimamente, muito conservadora e irrelevante. Para a autora, esse tipo de crítica negativa sugere sua dimensão ideológica e pouco se baseia em avaliações sérias sobre o papel dos programas de formação na preparação dos futuros docentes. Além disso, o mais importante é que sempre denota a necessidade de reformas.

A argumentação da autora tem diversas conexões com o que ocorre na Espanha. A primeira, com a controvérsia provocada pela publicação de um artigo no jornal *El País*, com o eloquente título "Suspensos professores de ensino fundamental" (ÁLVAREZ, 2013). A reportagem fez com que alguns reivindicassem que os professores saibam mais *quês* (conhecimentos factuais e declarativos, como os exigidos nas provas) e não tantos *comos* (referindo-se ao pedagógico), apesar do elevado peso de matérias clássicas no currículo. Também vale lembrar a iniciativa recente lançada na Catalunha, onde foi criado um órgão formado pelo Conselho Interuniversitário da Catalunha para melhorar a formação dos futuros professores (UNIVERSITAT DE BARCELONA, 2013), talvez com a referência finlandesa em vista, mas sem o contexto social, sem parte do ensino médio, sem as políticas públicas e sem todos os recursos formativos de que dispõe aquele país.

Tudo que foi mencionado serve para argumentar sobre a relevância e a pertinência de abordar, como parte da pesquisa em que esta obra se baseia, o sentido e o significado que os participantes deste estudo deram e dão à formação inicial. Para isso, começamos por nossa própria experiência como pessoas que foram formadas e, agora, se dedicam a formar, para continuar focando nas experiências significativas de nossos colaboradores e em como contribuíram para a construção de sua identidade profissional.

DE ESTUDANTES A DOCENTES: NOSSA PRÓPRIA EXPERIÊNCIA

Desde que, como docentes e pesquisadores, iniciamos nosso trabalho na universidade, fomos propondo questões e refletindo sobre o papel dessa instituição – e o nosso, como formadores –, além de sua influência sobre os estudantes que passaram por nossas salas de aula, ainda que ambos compartilhemos de projetos de pesquisa e sejamos docentes em dois contextos e faculdades diferentes dentro da Universidad de Barcelona. No caso de Sandra, nas faculdades de Pedagogia e de Formação de Professores, e, no de Fernando, na Faculdade de Belas Artes, dentro da unidade de Pedagogia Cultural.

A respeito da reflexão sobre a formação inicial a partir da própria experiência, Sandra recordou quando, como estudante, cursava Pedagogia. Durante aquela etapa da formação, ficou inquieta ao detectar a distância que, para ela, existia entre os conhecimentos teóricos e os práticos. Essa limitação fez com que ela se juntasse a uma equipe de voluntários em uma escola de educação especial e de um centro socioeducativo para seus momentos de lazer. Pela primeira vez, teve a sensação de poder conectar os conhecimentos que eram apresentados nas aulas expositivas, os *slides* mostrados pelos professores na universidade e algum caso prático, como aqueles utilizados e criados nessas instituições de ensino. Considerava-se uma estudante privilegiada, pois, desde o início, pôde transitar entre a universidade e as instituições de ensino. Ao terminar o primeiro semestre de Pedagogia, decidiu especializar-se em Psicopedagogia. Foi durante esses dois últimos anos, ao conciliar sua formação universitária com a vida profissional com crianças com dificuldades de aprendizagem, que começou a compreender a importância do papel da formação inicial do professor e de qualquer profissional, principalmente daqueles cujo trabalho está focado na relação e no cuidado de outras pessoas.

Com o passar do tempo, foram diversos espaços de aprendizagem que a levaram a compartilhar pesquisas com outros colegas em relação às identidades docentes e sobre o papel da universidade na formação inicial de futuros professores. Tudo isso a fez prestar atenção em certas perguntas, como de que maneira estamos ensinando a profissão de ser docente? E como nossas alunas vão se formando como professoras no âmbito universitário?.

O interesse de Fernando por esse tema surgiu durante o tempo em que colaborou com uma experiência alternativa (HERNÁNDEZ-HERNÁNDEZ, 2011) ao antigo curso de Aptidão Pedagógica (CAP) (organizado pelo ICE da Universidad de Barcelona), lecionando docência e fazendo a continuação da formação inicial de futuros docentes e, então, trabalhando com a formação inicial dos futuros docentes do ensino médio da área de Educação Visual e Plástica. Reconhecendo as limitações e contradições daquela modalidade de formação, sempre se questionou sobre o papel da instituição e o seu próprio em relação ao que vinha ocorrendo na formação inicial dos professores de ensino médio. Nesse contexto, percebia, na visão de algumas pessoas com quem trabalhou (docentes, estudantes em formação, etc.), as mesmas censuras que cita David Berliner (2000) ao ecoar críticas externas à formação inicial dos professores. Para o autor, esse tipo de crítica, em geral, é construído com visões inertes baseadas no desconhecimento da complexidade das situações de ensino. Por exemplo, tudo que é necessário para ensinar é conhecer a matéria; os formadores de docentes são um grupo fechado, com estruturas próximas demais à corporação de ofício; os caminhos dos métodos de ensino não exigem grandes esforços mentais; os professores que querem ser bons docentes precisam apenas entrar em sala de aula e começar a trabalhar; e a formação dos professores não está em sintonia com o que acontece no mundo real, já que vivem em uma torre de marfim, criticando as práticas escolares, etc.

No entanto, para Fernando, essas considerações são manifestações de que estamos diante de um foco problemático de interesse, que nos obriga a refletir sobre o papel e a responsabilidade dos programas de formação inicial dos professores. Além disso, no caso dele, tais considerações constituíram uma fonte de aprendizados como professor que permitiram que se reconhecesse em alguns dos dilemas que emergem na pesquisa que expusemos aqui.

Iniciamos este capítulo com nossas próprias experiências, porque queremos situar o leitor em alguns dos lugares em que desenvolvemos nosso trabalho; não somente os lugares em que acompanhamos a aprendizagem de futuros docentes, mas também em que nós mesmos aprendemos a ser professores.

Como queremos continuar nossa reflexão sobre o papel da universidade na formação inicial dos docentes de ensino fundamental, apresentamos a argumentação de Mónica, visto que exemplifica algumas das inquietações que motivam nosso trabalho.

> Mais [importante] que as aulas teóricas na universidade é o dia a dia com as crianças. É muito diferente sair da universidade e estar realmente em uma aula. Sim, lá ensinaram muitas coisas, mas o que você vai ver está nas aulas... e isso não aparece nos livros (M de Sandra e Mónica).

O comentário de Mónica nos faz dar atenção especial à diferença que vem sendo feita entre os conhecimentos "teóricos" e "práticos" e a resgatar a importância deles, principalmente, porque, em geral, a ênfase no "quê" esquece a relevância do "como". Donald Schön (1998) referiu-se a essa desunião ao colocar em evidência as visões e a maneira de proceder do modelo de racionalidade técnica que separa os aprendizados teóricos e práticos. Por consequência, parecem abrir brechas – ou dificuldades para estabelecer relações – entre os aprendizados que se desenvolvem na formação inicial e na própria escola, entre os conhecimentos "teóricos", vinculados à vida acadêmica na universidade, e os "práticos", associados ao cotidiano de trabalho na escola.

O problema trazido por Mónica evidencia a necessidade de revisar e repensar a formação inicial dos professores na universidade. Nessa linha, nos últimos anos, diversos autores tiveram tal assunto como objeto de estudo. Atendendo aos paradoxos emergentes, consideraram a necessidade de renovar a educação, transformar a docência e a comunidade educativa, repensar as tarefas desempenhadas pela profissão, etc. (GARCÍA, 2002; GIMENO SACRISTÁN; PÉREZ GÓMEZ, 1999; HARGREAVES, 2006). Dentro dessa posição crítica e transformadora, situamos nosso trabalho, como argumenta César Cascante (2004), um lugar planejado com o objetivo de responder às necessidades socioeducativas do momento e no qual os conhecimentos desenvolvidos sejam compreendidos como estratégias de aprendizagem derivadas das realidades profissionais com caráter holístico, por meio de saberes tácitos, flexíveis e transformadores.

Com isso em mente, vamos articular nossas argumentações mantendo o foco nas relações de aprendizagem que as novas professoras que colaboraram conosco lembram ter vivido durante a formação inicial. Trabalhar nessa linha nos fez considerar, por um lado, alguns dilemas que aparecem diante de determinados conhecimentos desenvolvidos na universidade e na escola e, por outro, nos fez prestar atenção nos posicionamentos e nas responsabilidades daqueles que realizam a formação na universidade. Tudo isso com o objetivo de repensar os modos de ver a formação para possibilitar o aprendizado de ser docente e atender à construção de identidades profissionais dos futuros professores.

DURANTE A FORMAÇÃO INICIAL

Partimos da ideia de que a formação docente é um processo contínuo de aprendizagem ao longo da vida (MARCELO, 2009) e de que as experiências que ocorrem na universidade são o início de um caminho que se desenvolve em diferentes âmbitos sociais e culturais, entre eles, o da formação permanente. Sem deixar de lado a importância desse último contexto, visto que é abordado em outro capítulo deste livro, vamos dirigir o olhar para o âmbito da formação inicial, considerando que a preparação do professor não é uma questão monolítica ou unitária, mas mutável e localizada em determinados contextos sociais e culturais.

> A educação dos professores tende a estar localizada dentro de um âmbito marcadamente local, visto como enraizado nos múltiplos contextos em constante mudança das instituições do âmbito local e sujeito à interpretação e às interações sociais entre os indivíduos e os grupos. (COCHRAN-SMITH; ZEICHNER; FRIES, 2006, p. 94).

Nesse sentido, nos interessa saber sobre como os docentes iniciantes falam sobre suas idas e vindas na universidade e em que medida dão sentido a suas interações na comunidade de aprendizagem acadêmica. Explorar essas idas e vindas, de alguma maneira, permite-nos reconhecer a construção de suas identidades profissionais por meio de processos graduais de interpretação de experiências por meio da participação, da implicação e da associação a "comunidades locais" de práticas (BEIJAARD; MEIJER; VERLOOP, 2004). Consequentemente, buscamos compreender e analisar o contexto de formação que, da mesma maneira como ocorre com a sociedade em que está inscrito, muda de maneira constante e está circunscrito em questões ideológicas, políticas, econômicas, sociais e éticas.

Aprender com os conhecimentos que a universidade proporciona

Partimos da concepção de que o aprendizado situado implica crescimento intelectual e que, assim, facilita a compreensão e interpretação da realidade. Nessa linha, Jean Lave e Etienne Wenger (1991) afirmam que o aprendizado se desenvolve por meio da participação social, que, em contextos determinados, vai além da aquisição de conhecimentos intencionais. Assumir esse posicionamento nos faz tomar consciência da importância de atender o que, segundo nossos colaboradores, circulava dentro, fora e em seus entornos universitários e profissionais.

Por meio da experiência como docente iniciante, são detectadas distâncias entre o que lhes foi ensinado nas aulas na universidade e o que estão assimilando no contexto profissional. David (GD de Cantábria) argumenta que:

> Há aspectos do trabalho do professor que não são tratados de jeito nenhum (reuniões com os pais, com colegas de trabalho; como ministrar as turmas). Há coisas no curso que vemos muito por cima, se virmos. Dão a teoria de qualquer jeito, mas, no dia a dia, muitas coisas não encaixam. Depois, sim, é possível se identificar com alguma disciplina que sirva para o seu trabalho [...]. No estágio, há muitas coisas que se vive pela primeira vez ao começar a trabalhar em um colégio, ou isso não ocorre sequer na etapa dos estágios.

Assumir posições no mercado de trabalho fez com que ele construísse uma visão em relação à universidade que fala dos conhecimentos pertencentes à vida na escola a partir da perspectiva acadêmica; uma relação que – como argumentamos no início do capítulo – é marcada pela distância entre a teoria e a prática à qual se referiam, há alguns anos, autores como Donald Schön (1998) e David Berliner (2000). Nesse sentido, compreendemos que, mais do que a distância entre os dois âmbitos, o que os professores iniciantes questionam é o deslocamento dos conhecimentos da universidade no contexto em constante mudança da sociedade e da escola, achando difícil relacionar os conhecimentos que lhes foram oferecidos na universidade e o que percebem que necessitam saber para ser docente na escola de hoje em dia. Nessa linha, a desvinculação entre os saberes de alguns docentes universitários com o ritmo atual é o que faz Alberto argumentar:

> Na universidade, passam coisas teóricas que já estão obsoletas. [...] Por exemplo, na disciplina de Didática Geral, o professor continuava lendo em aula as mesmas apostilas dos últimos trinta anos de sua vida. Você diz: "isso já não existe". As suas aulas eram sobre as suas experiências em uma [escola] privada que também recebe alunos do sistema público (cujas vagas são pagas pelo Estado) e tinham apostilas obsoletas. O que eu poderia levar para minha prática profissional? (Alberto, GD de Castilla y León).

Embora a capacidade de reconhecer essa desvinculação seja um sintoma dos aprendizados que o docente iniciante vai construindo, também evidencia o problema da falta de renovação de determinados conteúdos de programas de formação inicial de uma profissão que precisa se atualizar continuamente. Transitar por essa dimensão da aprendizagem promove a construção de visões que separam os dois âmbitos – o escolar e o universitário. São visões que falam do modo como se relacionam os professores iniciantes e os conhecimentos que contribuíram para sua formação inicial, questionando, agora, da perspectiva da escola, seu nível de utilidade. Por consequência disso, com os conhecimentos que vai desenvolvendo na vida profissional, o docente vê os elementos que os constituem como tal.

> Talvez haja disciplinas que precisam mudar, porque, se as escolas e a sociedade mudam, as disciplinas também precisam. [...] Então, você diz: "Estudo isso para obter o título e, então, começo a ser professora...". Bom, a pessoa começa quando trabalha com as crianças, mas parece que é um simples trâmite para obter o título. [...] É a sensação que tenho: "Para que serve? Pelo menos na realidade em que eu vivo..." (María José, GD de Andaluzia).

A distância entre o que lembram ter assimilado na universidade e o que aprendem como docentes do ensino fundamental, de algum modo, exprime a necessidade de encontrar interlocutores que os aproximassem de conhecimentos e saberes mais relacionados ao âmbito profissional. Porém, nem todas as experiências se referem à desvinculação entre a formação universitária e a vida profissional, ainda que, nesse caso, não aludam ao diploma de Magistério, mas sim à licenciatura.

> [Havia] uma disciplina, quando estudei Psicopedagogia, que é a que mais me lembro, porque nos fez estudar muito. Era uma disciplina de intervenção psicopedagógica nos transtornos de desenvolvimento. E essa mulher nos dava aula, mas também nos levava a colégios onde víamos os problemas, nos aproximávamos da realidade e ficávamos mais próximos das crianças (Laura, GD de La Rioja).

O caso de Laura exemplifica alguns aprendizados desenvolvidos mediante experiências que conectam os dois âmbitos e que, em princípio, não teriam que estar desvinculados – o escolar e o universitário. Então, criar pontes situando os conhecimentos em relação ao que ocorre na escola é uma estratégia valorizada por essa professora. No seu caso, a conexão criada foi motivo para assumir maior compromisso e implicação nos seus estudos.

O encontro de Eva (GD da Catalunha) e de Beatriz (GD de La Rioja) com diferentes escolas e suas respectivas comunidades educativas durante o período de estágios foi especialmente significativo para suas experiências de aprendizagem.

> O que me preparou foram os estágios, que foi quando me falaram um pouco sobre o que eu faria... Sempre destaquei que os estágios foram o que mais me marcou. Primeiro, fiz estágio em uma escola de Barcelona. Depois, estive com Laura. Em seguida, fui ao Sagrer, em Barcelona, com outra professora; agora somos amigas.

> O que mais foi útil, para mim, foram os meses de estágio com uma orientadora maravilhosa [...]. Ninguém me explicou como agir com isso, ninguém explica. Muita teoria, mas, no fim, a prática é muito pobre e, diante do que enfrentamos hoje em dia, acho que é primordial (Beatriz, GD de La Rioja).

A argumentação das professoras iniciantes destaca a necessidade de compreender aquilo que aprendem ao se aproximarem dos contextos educativos, exigindo experiências que falem de relações pedagógicas próximas à participação social, como aquelas a que se referem Lave e Wenger (1991) ao colocarem os saberes dentro dos âmbitos da escolarização e ao facilitarem a compreensão e interpretação de conhecimentos situados. As experiências de Eva e Beatriz as fazem exigir que a formação inicial tenha mais tempo e espaços dedicados a aprender a interagir dentro dos contextos profissionais, posto que as aproxima de conhecimentos que ficam de fora das propostas intencionais de ensino que a universidade oferece.

Aprender na relação com certos docentes

Nem tudo é afastamento e distância. Segundo Kenneth Zeichner e Jennifer Gore (1990),[2] o crescimento intelectual dos estudantes que frequentam as

---
2 Esses autores apresentam diferentes pesquisas que enfocam os processos de socialização dos estudantes durante a formação universitária. Nessa linha, trazem temas como a relação entre a assistência à universidade e o aumento de conhecimentos gerais e o desenvolvimento cognitivo, os fatores (idade, gênero, raça, etc.) que mediam o impacto da universidade na socialização de seus estudantes e as instituições universitárias.

salas de aula universitárias é significativo e tem um impacto considerável em seu desenvolvimento moral, político e afetivo.

Na minha experiência, valorizo, sim, muito daquilo que aprendi na universidade, nem tanto pelos conteúdos, mas pelos poucos professores que eram diferentes do resto, que me fizeram ver o que estava por trás do que eu fazia, além do currículo, principalmente porque me abriram as portas para coisas sobre as quais eu nunca havia pensado (Cristina, GD de Cantábria).

Uma professora da universidade me fez voltar a ter vontade de ler. Tínhamos de encontrar conexões entre o livro que escolhêssemos e a nossa vida real, e não fazer o típico comentário de texto que sempre fizemos (M de Laura e Eva).

O que mais lhe agrada na escola privada em que cursou Magistério é o tratamento tão humano, "um tratamento tão pessoal e que nunca dá um não como resposta". [...] Xavi cita as pessoas que contribuíram na sua formação de professor, como Inma Gómez, que o motivou a escrever. Ela não diz de forma direta, mas vai fazendo perguntas para que reflita e escreva. "Realmente reencontro um dos aspectos que mais havia esquecido. Eu gostava de escrever, e ela me leva a pensar que eu sou bom nisso". De fato, ganhou vários prêmios durante sua passagem pela universidade e segue escrevendo e publicando em algumas mídias locais (M de Juana M. e Xavi).[3]

Os relatos de Cristina, Eva e Xavi mostram como percebem o papel que alguns professores universitários tiveram na sua formação inicial, que se distinguiam por favorecer um espaço de aprendizagem construído a partir do lugar dos estudantes para que dessem sentido a suas próprias experiências. Nesse caso, o papel docente tinha a ver com a negociação sobre o currículo, deslocando-o para a construção de saberes conectados com a vida social. Por isso, encontrar docentes que o motivavam a ler e refletir sobre si mesmo promoveu oportunidades de poder continuar aprendendo.

O relato das experiências dos professores iniciantes trouxe também papéis que se configuram como modelos positivos com os quais poderiam ser estabelecidas relações de acompanhamento e cumplicidade.

---

3 Xavi reconhece explicitamente cinco professoras que contribuíram para sua formação.

Mantenho contato com todas as professoras que conheci, as orientadoras do estágio. São belíssimas pessoas, que me ensinaram como pessoas, para além do modelo escolar, quero dizer. Os estágios me influenciaram de verdade (M de Laura e Eva).

Conheceu Maria Antònia Canals, cuja experiência de vida o impressiona, em uma conferência durante o primeiro ano de curso. "Realmente nunca encontrei alguém com tanta vocação quanto ela, com aquela vontade e aquele humor tão positivo". Ao terminar a conferência, ele e outras pessoas começaram a se aproximar para felicitá-la, e ela os encorajou a estudar, a seguir adiante, porque a educação precisa de ideias e pessoas novas e com espírito crítico (M de Juana M. Y Xavi).

A explicação de Eva sobre as orientadoras e professoras que a acompanharam esclarece a importância de uma relação de afabilidade e cumplicidade. Talvez, esse processo tenha ocorrido devido à posição que assumiram entre as professoras, criando uma afinidade confortável, a partir da qual, como professora de estágio, começou a construir um repertório docente, fazendo parte de uma comunidade de estágio que contribuiu para o esboço de sua identidade profissional (MARCELO, 2009). Nesses casos, criaram-se espaços de aprendizagem em que a figura do mentor adquire especial relevância. Para Carlos Marcelo (2009), o papel do mentor é de orientar e ajudar tanto em questões curriculares quanto em aspectos emocionais, sociais e intelectuais. A motivação que essa figura em trabalho de acompanhamento necessita é a que, de alguma forma, Eva encontrou em uma de suas orientadoras. Xavi, por sua vez, encontrou uma conferencista que o motivou a continuar sua formação como docente. Experiências como essas contribuem para a construção de expectativas profissionais baseadas na atenção e no cuidado das idas e vindas da formação de novos docentes.

Portanto, se, como se infere após tudo que foi mencionado até agora, o papel dos docentes que participam da formação de futuros professores é criar espaços de encontro que favoreçam relações de confiança e crescimento intelectual, é preciso constatar que nem todos os colaboradores tiveram uma percepção positiva.

Eu entrei com a expectativa de que seria muito prático e, quando vi, havia um professor em cima de um pedestal que nos ditava... Passou o tempo todo falando de planos de aula, blá, blá, blá... Aí, você se dá conta de que, não, não era o que eu imaginava. Havia outras pessoas que queriam debater. E era o que nós pedíamos: que nos fizessem pensar, mas faziam você ficar sentado e só... (María, GD de Madri).

Essa contradição aparece quando se encontram atuações que apresentam uma distância entre aquilo que o docente *prega* e a prática que realiza em suas aulas. No mesmo tom de reivindicação, Cristina (GD de Cantábria), argumentou a respeito do papel de alguns dos seus formadores na universidade:

> Eu notei, sim, que certamente não queriam que fôssemos reflexivos e críticos, porque, muitas vezes, precisei reunir apostilas nem sei de onde, memorizar e reproduzir sem dar minha opinião ou me expressar... Claro que não sou professora universitária, mas posso ter uma opinião sobre o que estou lendo e dizer "eu acho que essa teoria é antiquada ou não se enquadra com o mundo atual, e não é necessária...". Quero dizer, eu queria apenas expressar minha opinião. Em aula, adoro dar minha opinião e ser muito crítica, porque tenho facilidade para ver o ponto fraco dos argumentos, e nunca aceitaram isso muito bem. Ou seja, deixei de fazer isso, porque, muitas vezes, você se dá conta de que tinha que dar o ponto de vista da pessoa que ia corrigi-lo.

Cristina reivindica que, na formação inicial, os docentes facilitem os espaços para conectar e projetar os conhecimentos apresentados em sala de aula com sua própria posição crítica e reflexiva. Essas palavras podem causar certo mal-estar se reconhecidas em um lugar passivo e subordinado (carente de saber) por um professor. Essa experiência evidencia um modelo reprodutivo de formação, que supostamente fornece, legitima e distribui os conhecimentos e as capacidades que os futuros docentes devem ter. As consequências desse modo de atuar podem ser díspares: submissão, rebeldia ou desconexão. Cristina assume um protótipo de aceitação, colocando em seu silêncio performativo a acusação do desempenho de um formador que a exclui como sujeito.

Deslocando as situações de subordinação para o período de estágios da formação inicial, encontramos diversas manifestações que apontam como eram colocados em posição de passividade e de ignorância. Os casos de Eugenio e Juan exemplificam isso, pois, ao terem experiência durante o período de estágios, explicam o seguinte:

Vivi o estágio como se fosse um aluno... Sentado à escrivaninha [com] um colega, fazendo o que a professora mandava, mas praticar, não pratiquei nada em nenhum dos dias. Observação: nada de prática (Eugenio, GD da Galícia).

Depende também do tipo de prática, porque há alguns professores de estágio ou orientadores que não te deixam participar das aulas e dizem: "Escute, mas não participe"... (Juan, GD de La Rioja).

Ambos expõem situações que colocam os estudantes em lugares de "não saber", em que as relações pedagógicas ficam reduzidas ao papel de quem observa de longe, por se situarem, assim, no campo da regulação da norma, daquilo que "se deve ser e fazer", sob a supervisão do docente/mentor "especialista". É nesses casos que entram em ação os pactos realizados entre orientadores e seus mentores. A intervenção e a coordenação do orientador da universidade desempenham um papel relevante nos estágios. É por isso que se supõe que existe uma comunicação contínua com a escola e as reuniões de coordenação entre ambos os formadores. Certamente, em um primeiro momento, o docente do estágio adota um papel de observador para conhecer e permear a cultura da instituição de ensino e a dinâmica da sala de aula, porém, a posição de observador pode ter diferentes significados. É possível ser um observador ignorado, distante ou participativo, e optar por um desses papéis supõe responder a uma visão sobre como se aprende a ser docente. Ao fazer isso, adota-se uma técnica de regulação dos papéis do orientador e do docente em formação: "não reconheço você", "você não está preparado", "você não pode fazer parte do que eu faço". Por isso, esse período de adaptação pode adquirir diferentes modalidades. Em seguida, é feito um acordo sobre as possíveis intervenções: criação de materiais, programação de uma unidade didática, participação em reuniões, colaboração em tarefas diárias, etc. Anos atrás, esse acordo era verbal, porém, atualmente, é assinado um documento em que são reunidas as ações que devem desenvolver todos os implicados.

A partir do nosso ponto de vista, reconhecer as percepções inadequadas em relação a determinadas experiências de formação nos faz orientar nosso trabalho com perspectivas críticas e transformadoras, em uma direção compatível com os princípios e as teorias que a pesquisa desenvolve em relação à educação e à aprendizagem, como ocorre em outros âmbitos científicos. Estamos falando da necessidade de favorecer alianças entre a universidade e a escola (FEIMAN-NEMSER, 2001) que ajudem na construção e atualização de conhecimentos compartilhados. Como afirma David Berliner (2000), os cursos superiores deveriam ser instrumentos para acessar os conceitos, os princípios, os fundamentos, as tecnologias e as teorias mais atuais, complexas e reflexivas. Em sua pesquisa sobre a formação docente, o autor enumera uma série de princípios educativos que podem favorecer a eficácia docente na formação inicial. Resumindo suas contribuições, ele afirma que 1) o ensino melhora dentro de um contexto de coesão e solidariedade, 2) é preciso buscar coerência em relação aos conteúdos, 3) o avanço é possível por meio da aprendizagem cooperativa e 4) deve-se oportunizar o aprendizado por meio de atividades de aplicação prática. Esses são alguns princípios que se conectam com o conhecimento, elaborados a partir de diferentes âmbitos e relacionados à melhoria e à mudança na educação (HARGREAVES; FINK, 2006; HARGREAVES; SHIRLEY, 2012).

CONCLUSÕES

A formação inicial esteve (e ainda está) sujeita a mudanças, críticas e controvérsias ao longo dos últimos anos. Além de nosso posicionamento como formadores de professoras, da análise dos relatos de nossos colaboradores nas microetnografias e das manifestações daqueles que participaram dos grupos de discussão, mostramos como são percebidos a fragmentação dos conhecimentos transmitidos na universidade e os efeitos do modelo de racionalidade técnica que segue estabelecendo uma quebra entre a fundamentação teórica e a prática (SCHÖN, 1998), entre o conhecimento do conteúdo, o conhecimento pedagógico e o conhecimento prático (SHULMAN, 1986, 1987).

Tal situação também reforça a necessidade de revisar e repensar a formação inicial dos professores para que ofereça perspectivas atualizadas que ajudem os docentes em formação a encontrar alternativas para as demandas da profissão em cada contexto. Para tanto, é necessário reformular os critérios de ingresso na formação inicial, estabelecer o que é prioritário no currículo do curso para ser professor de ensino fundamental, em função das emergências educativas e sociais (e não para manter o *status* e as relações acadêmicas de poder), o vínculo entre pesquisador e relação pedagógica, os modelos de inserção e relação com as escolas, as condições de acesso à profissão docente além da aprovação nas disciplinas e os aspectos organizadores da instituição que facilitam ou dificultam as trocas.

Levando em conta as manifestações reunidas na pesquisa, os temas que emergem com mais relevância são: a distância entre a universidade e o contexto profissional; a sintonia ou disparidade entre fundamentação teórica e prática, entre os conhecimentos adquiridos na universidade e os novos aprendizados realizados em sala de aula; o papel dos professores universitários e, às vezes, as relações contraditórias que estabelecem; e a relação entre orientadores, mentores e docentes em formação.

A linha que vincula essas considerações é a separação entre a teoria e a prática – tema que, como se sabe, é necessário expor novamente, pois, talvez, com a força da repetição, comece um processo de reparação dessa quebra e da atenuação de suas consequências. Apesar das reformas e de novos planos de estudo, os jovens docentes mantêm a percepção de que tudo que se aprende na universidade não é suficiente para enfrentar as problemáticas da vida diária em sala de aula ou na escola, seja pelo distanciamento das necessidades ou das realidades sociais do momento, seja por considerar os conteúdos obsoletos (para outras necessidades e escolas). Encontrar as alianças entre os conhecimentos adquiridos e os saberem que podem ser levados ao cotidiano é um desafio ainda presente na realidade dos docentes em início de carreira profissional. É com todas essas experiências contraditórias, aprendizagens frequentemente inadequadas, vivências confusas e noções que não são nomeadas que os jovens professores constroem o sentido de ser docente.

RECOMENDAÇÕES E SUGESTÕES

As contribuições dos professores começam, assim como em Carlos Marcelo García (2011), a colocar em evidência a necessidade de reformular os aspectos organizadores burocratizados das instituições de formação inicial, a separação entre teoria e prática, a fragmentação dos conhecimentos, a distância entre os conhecimentos universitários e profissionais, etc.

Apesar disso, queremos ir além da reivindicação e da crítica referidas e que atribuem a outros a responsabilidade pelo que viveram durante a formação (desde o que foi positivo até o que nem tanto).

De início, o que se evidenciou a partir da percepção dos professores iniciantes tem a ver com questões que já suspeitávamos ou conhecíamos e as quais outros pesquisadores já haviam apontado (BERLINER, 2000; FEIMAN-NEMSER, 2001; MARCELO, 2009; RIVAS; LEITE, 2013). Todos falam sobre repensar a formação inicial com o objetivo de suprir as necessidades da profissão docente em contextos problemáticos e que estão em constante mudança. Com esse ponto de partida, permitimo-nos propor que os seguintes aspectos sejam levados em consideração:

- Ter consciência de que é necessário tempo para aprender a ensinar e que isso ocorre por meio de diferentes espaços de formação. Um deles é a universidade, mas esse não é o único – também são a escola, outros colegas, grupos de estudo e experiências com outros grupos. É preciso exigir da universidade principalmente coerência e contextos de sentido para uma bagagem de conhecimentos que nunca estará completa e sempre será insuficiente, mas que deveria ser a base que contribui para entender as experiências cotidianas nas salas de aula e na escola.

- Compreender que é preciso enfrentar o problema que é a separação entre teoria e prática, que ocorre em todas as profissões de uma maneira ou outra. A separação entre os conhecimentos é resultado das relações e contradições entre o âmbito da formação inicial (estável e previsível) e da vida profissional (mutável e imprevisível). Encurtar distâncias entre elas com períodos mais longos de estágios durante a formação, por exemplo, pode atenuar, mas não resolver completamente essa distância.

- Favorecer alianças entre a universidade e a escola, para que possibilitem autênticos aprendizados profissionais. Segundo Sharon Feiman-Nemser (2001), algumas associações entre a escola e a universidade reconfiguraram o currículo da formação inicial e criaram espaços compartilhados de aprendizagem.

- Estimular modos de relação colaborativos nas salas de aula das escolas, onde os futuros professores aprendam acompanhados de docentes mais especializados com mentalidade crítica e transformadora.
- Formar os docentes em pesquisa, para que unam fundamentação teórica, evidências e vida em sala de aula e, assim, situem os conhecimentos acadêmicos dentro do campo profissional e deem um novo sentido (com maior reflexão) às suas decisões em sala de aula.
- Problematizar os limites que vêm separando os âmbitos da universidade e da escola e que se refletem nas dicotomias entre formador e professor (em alguns países, os formadores frequentemente voltam à escola ou realizam projetos conjuntos); estudante e professor (para atenuar, garante-se a presença dos estudantes desde o início da formação escolar); mentores e professores (em alguns países, o papel dos professores como formadores de futuros professores, que fazem parte do *campus* universitário, é reconhecido e valorizado). Isso tudo é para dissolver oposições, favorecer relações e contribuir para o enfrentamento dos dilemas e das tensões que foram trabalhados neste capítulo.

REFERÊNCIAS

ÁLVAREZ, P. Maestros suspensos en primaria. *El País*, Madrid, 14 mar. 2013. Disponível em: <http://sociedad.elpais.com/sociedad/2013/03/13/actualidad/1363202478_209351.html>. Acesso em: 08 abr. 2016.

BEIJAARD, D.; MEIJER, P.; VERLOOP, N. Reconsidering the research on teachers' profesional identity. *Teaching and Teacher Education*, v. 20, n. 2, p. 107-128, 2004.

BERLINER, D. C. A personal response to those who bash teacher education. *Journal of Teacher Education*, v. 51, n. 5, p. 358-371, 2000.

CASCANTE, C. La reforma de los planes de estudio: un análisis político de los discursos sobre la formación inicial de los profesionales de la educación. *Revista Interuniversitaria de Formación de Profesorado*, v. 18, n. 3, p. 145-167, 2004.

COCHRAN-SMITH, M.; ZEICHNER, K.; FRIES, K. Estudio sobre la formación del profesorado en Estados Unidos: descripción del informe del comité de la American Educacional Research Association (AERA) sobre investigación y formación del profesorado. *Revista de Educación*, v. 340, p. 87-116, 2006.

ESPAÑA. Ley 14/1970, de 4 de agosto, general de educación y financiamiento de la reforma educativa. *BOE*, Madrid, n. 187, p. 12525- 12546, 06 agosto 1970. Disponível em: <https://www.boe.es/diario_boe/txt.php?id=BOE-A-1970-852>. Acesso em: 08 abr. 2016.

ESPAÑA. Ley Orgánica 11/1983, de 25 de agosto, de reforma universitaria. *BOE*, Madrid, n. 209, p. 24034-24042, 01 sept. 1983. Disponível em: < https://www.boe.es/buscar/doc.php?id=BOE-A-1983-23432>. Acesso em: 08 abr. 2016.

FEIMAN-NEMSER, S. From preparation to practice: designing a continuum to strengthen and sustain teaching. *Teachers College Record*, v. 103, n. 6, p. 1013-1055, 2001.

FURLONG, J. et al. *Teacher education in transition*: re-forming professionalism?. Buckingham: Open University, 2000.

GARCÍA, C. M. La formación inicial y permanente de los educadores. In: GARCÍA, C. M. *Consejo Escolar del Estado*: los educadores en la sociedad del siglo XXI. Madrid: Ministerio de Educación, Cultura y Deporte, 2002. p. 161-194.

GARCÍA, C. M. La profesión docente en momentos de cambios. ¿Qué nos dicen los estudios internacionales?. *CEE Participación Educativa*, v. 16, p. 49-68, 2011.

GIMENO SACRISTÁN, J.; PÉREZ GÓMEZ, Á. I. *Comprender y transformar la enseñanza*. Madrid: Morata, 1999.

HARGREAVES, A. Paradojas del cambio: la renovación de la escuela en la era postmoderna. *Kikirikí. Cooperación Educativa*, v. 49, p. 6-25, 2006.

HARGREAVES, A.; FINK, D. Estrategias de cambio y mejora en educación caracterizadas por su relevancia, difusión y continuidad en el tiempo. *Revista de Educación*, v. 339, p. 43-58, 2006.

HARGREAVES, A.; SHIRLEY, D. *La cuarta vía*: el prometedor futuro del cambio educativo. Barcelona: Octaedro, 2012.

HERNÁNDEZ-HERNÁNDEZ, F. (Coord.). *Aprender a ser docente de secundaria*. Barcelona: Octaedro, 2011.

JOHNSTON-PARSONS, M. *Dialogue and difference in a teacher education program*: a 16-year sociocultural study of a professional development school. Charlotte: Information Age, 2012.

LAVE, J.; WENGER, E. *Situated learning*: legitimate peripheral participation. Cambridge: Cambridge University, 1991.

MARCELO, C. Los comienzos en la docencia: un profesorado con buenos principios. *Profesorado. Revista de Currículum y Formación del Profesorado*, v. 13, n. 1, p. 1-25, 2009.

MUSSET, P. *Initial teacher education and continuing training policies in a comparative perspective*: current practices in OECD countries and a literature review on potential effects. Paris: OECD, 2010. (OECD Education Working Papers, 48).

RIVAS, J. I.; LEITE, A. E. Aprender la profesión desde el pupitre. *Cuadernos de Pedagogía*, v. 436, p. 34-37, 2013.

SANCHO, J. M. (Coord.). *Con voz propia*: los cambios sociales y profesionales desde la experiencia de los docentes. Barcelona: Octaedro, 2011.

SCHÖN, D. *El profesional reflexivo*: cómo piensan los profesionales cuando actúan. Barcelona: Paidós, 1998.

SHULMAN, L. S. Knowledge and teaching: foundations of the new reform. *Harvard Educational Review*, v. 57, p. 1-22, 1987.

SHULMAN, L. S. Those who understand: knowledge growth in teaching. *Educational Researcher*, v. 15, n. 2, p. 4-14, 1986.

UNIVERSITAT DE BARCELONA. *Miquel Martínez coordinará un organismo constituido por el Consejo Interuniversitario de Cataluña para mejorar la formación de los futuros maestros*. Barcelona: Universitat de Barcelona, 2013. Disponível em: <http://www.ub.edu/web/ub/es/menu_eines/noticies/2013/07/019.html>. Acesso em: 08 abr. 2016.

ZEICHNER, K.; GORE, J.. Teacher socialization. In: HOUSTON, R. (Ed.). *Handbook of research on teacher education*. New York: Macmillan, 1990. p. 329-348.

LEITURAS RECOMENDADAS

CASTAÑEDA, A. *Trayectorias, experiencias y subjetivaciones en la formación permanente de profesores de educación básica*. México: Universidad Pedagógica Nacional, 2009.

CHETTY, R.; LUBBEN, F. The scholarship of research in teacher education in a higher education institution in transition: issues of identity. *Teaching and Teacher Education*, v. 26, n. 4, p. 813-820, 2009.

HERRAIZ, F.; MARTÍNEZ, S. Formación inicial: entre la teoría y la práctica. *Cuadernos de Pedagogía*, v. 436, p. 46-49, 2013.

MARTÍNEZ BONAFÉ, J. *Las reformas en la formación inicial del profesorado y su debate social*. València: Universitat de València, 2007. Disponível em: <http://www.ub.edu/obipd/PDF%20docs/Formaci%C3%B3%20Inicial/Educaci%C3%B3%20Secundaria/Publicacions/Las%20reformas%20en%20la%20formaci%C3%B3n%20inicial%20del%20profesorado%20y%20su%20debate%20social.%20Mart%C3%ADnez,%20J.pdf>. Acesso em: 08 abr. 2016.

4

O papel dos colegas na construção da identidade docente

Paulo Padilla Petry

Resumo

Formar-se como professora de ensino fundamental implica ter acesso a uma comunidade discursiva e fazer parte de um grupo que pode ser considerado uma massa indistinta que tenta assimilar os professores iniciantes e permite supor um ideal imaginário de professora. Elas também podem ser percebidas como outras, com suas semelhanças e diferenças, e criar novos aprendizados. A pressão de compartilhar o mesmo discurso e a boa reputação de uma instituição de ensino pode contribuir para o silêncio dos iniciantes. Da mesma maneira, a falta de acompanhamento e a concepção individualista da prática docente podem isolá-las de suas colegas. Este capítulo parte das concepções lacanianas sobre o Outro e o outro para discutir a relação das professoras iniciantes com suas colegas. Em seguida, será abordado o papel das ideias e dos ideais nas relações com outras professoras e, finalmente, discorre sobre o que se pode aprender com essas relações e de como as relações afetivas entre as professoras podem criar inovações pedagógicas ou isolamentos.

INTRODUÇÃO

Em todas as profissões existe algum tipo de transmissão entre profissionais, seja durante o período de formação universitária, seja durante os primeiros anos de prática profissional. Dentistas e advogados, por exemplo, podem formar futuros colegas de profissão por meio de aulas na universidade, da orientação de estágios e, também, durante os primeiros anos, como profissionais que acompanham os novos para que não fiquem sozinhos em seus próprios escritórios e para que contem com algum tipo de orientação. Eu próprio, como psicólogo clínico e professor universitário, tive a oportunidade de trabalhar em diferentes contextos e muito escutei sobre a perigosa solidão do psicólogo clínico, que não tem com quem compartilhar suas experiências e dúvidas. Porém, como professor universitário, sim, senti-me muitas vezes totalmente sozinho diante dos meus alunos. A falta de espaços institucionais para debater a docência universitária e a suposição tácita de que a relação pedagógica na universidade não merece debate, já que trabalhamos com adultos, sempre contribuíram para calar ou desmerecer qualquer discussão sobre a prática docente. Nos dias de hoje, como membro do Indaga-t (Grupo de Inovação Docente consolidado pela Universidade de Barcelona, 2010GIDC-UB/12),[1] dou-me conta de que é possível, sim, debater a relação pedagógica na universidade e que isso, além de aumentar a possibilidade de reflexão sobre a prática, reduz consideravelmente meu sentimento de solidão como docente.

Nos anos que trabalhei em escolas privadas como responsável pelo uso pedagógico da informática (o que era conhecido como "informática educativa"), tive a oportunidade de conviver e compartilhar docência com várias professoras de ensino fundamental e ensino médio. Sem dúvida, aprendíamos muito uns com os outros. Lembro que podíamos falar sobre os alunos, os objetivos, o que havia funcionado ou não, mas nunca questionávamos as relações pedagógicas que cada um estabelecia com os alunos. A partir de todas essas experiências e de tudo que encontramos em nossa pesquisa sobre a identidade docente, comecei a refletir sobre como a relação das professoras com seus colegas contribui na construção de sua identidade profissional.

---

[1] Para mais informações, acesse: <http://www.ub.edu/indagat>.

As professoras iniciantes de ensino fundamental trabalham necessariamente em uma instituição de ensino com outras professoras, uma equipe de direção e, possivelmente, outros tipos de especialistas. Paradoxalmente, apesar de a docência de ensino fundamental ocorrer obrigatoriamente em uma instituição compartilhada com outras profissionais, a solidão da professora (como a de quase todos os professores) diante de seus alunos é uma constante já bem conhecida pela comunidade acadêmica (BRASLAVSKY; DUSSEL; SCALITER, 2000; GUERRA, 1990). Ao contrário de outros profissionais, que podem decidir trabalhar sozinhos ou não, as professoras quase sempre trabalharão sozinhas com seus alunos dentro de uma instituição que costuma preexistir à sua chegada.

Contamos com um volume considerável de textos sobre a relação entre a solidão da prática docente, a falta de inovação e a participação necessária em um grupo de docentes (FERNÁNDEZ MORANTE, 2001; GUERRA, 2001). No entanto, o que discorro aqui é sobre a relação entre a participação necessária e a construção da identidade docente. Nos primeiros anos de prática de ensino, esse processo implica o enfrentamento de, pelo menos, três alteridades distintas: as outras professoras, os alunos e suas famílias. O que me interessa, neste capítulo, é a primeira, pois, ainda que trate também da relação com as colegas de profissão que não trabalham necessariamente na mesma instituição de ensino (amigos ou familiares professoras), dedicarei especial atenção à complexa relação com as colegas de trabalho.

PARTICIPAR DO GRUPO PARA SE FORMAR PROFESSORA

Parece existir um consenso entre os autores que escrevem sobre a identidade docente de que a sua construção implica ter acesso a uma comunidade discursiva (GEE, 1999). Ainda que não seja a mesma coisa, fazer parte de um grupo de professoras também é uma condição necessária para a formação como tal e, por mais que a profissional decida ignorar o que fazem as demais e trabalhar à sua própria maneira ou por mais que seja ou se sinta marginalizada por suas colegas da instituição de ensino, ela inevitavelmente manterá alguma relação com elas.

Se forem consideradas um grupo mais ou menos indiferenciado, as colegas de trabalho podem ser percebidas como o Outro lacaniano, um lugar simbólico que não permite comparações no espelho, determina a construção do sujeito e nos demanda algo desconhecido (CHEMAMA; VANDERMERSCH, 1998; ROUDINESCO; PLON, 2000). Assim, o Outro, na escola, seria o grupo que tenta, de alguma maneira, assimilar a nova professora e apresentar a ela algumas demandas explícitas e outras, nem tanto. Diante do Outro, em geral, perguntamos o que quer de nós. Perdido no Outro, ser mais um nessa massa (FREUD, 1969; LACAN, 1992) indistinta de professoras que compõem a instituição de ensino ao qual são atribuídas é uma opção oferecida a quem aceita uma identidade imaginária: corresponder a essa imagem de docente da instituição X.

Uma das consequências de uma identidade imaginária (LACAN, 1992) é ter um ideal compartilhado com essa massa de pessoas. Em nosso caso, esse ideal pode ser o projeto educativo da escola ou outro discurso sobre educação que delimite as práticas educativas desejáveis ou indesejáveis. Por mais impessoal ou totalitária que pareça, essa opção não é tão rara e oferece aos que estão começando uma tranquilidade dobrada – a aceitação do grupo e algumas ideias claras sobre como seria a professora ideal. A construção da identidade docente por assimilação de um grupo sem sequer resistir ocorreria sem a necessidade de refletir ou negociar com ele. A resistência a essa assimilação teria um preço: a solidão ou a exclusão, que podem ainda ser acompanhadas de alguma indiferença ou de sentimento, como raiva ou impotência (PADILLA-PETRY, 2013). Tudo isso provoca uma exclusão simbólica e culmina, muitas vezes, em uma exclusão física, quando a professora iniciante decide finalmente mudar de instituição. Em situações de resistência e exclusão, a formação da identidade docente pode ocorrer em oposição ao que é considerado ideal para a escola ou ao que parecem ser as práticas dominantes dos outras professoras do local. Essa percepção da instituição como um grupo com práticas docentes criticadas pelo iniciante, que passa, então, a se formar como um docente que se opõe à prática dominante na escola, é coerente com diversos relatos que escutamos em nossa pesquisa.

> Outro dia, em aula, coloquei uma coroa em uma menina, porque era seu aniversário, atitude típica de professora. Fazia cinco dias que a menina me dizia "está chegando meu *níver*, está chegando meu *níver*". Sete anos... Pois bem, a profes-

sora do lado disse "Marta, não colocamos coroas, tá? Só na creche". Eu disse: "Ah, bom, claro". É ruim, porque eu já disse que faria e outra criança espera isso na semana que vem, mas, bem, vou fazer como se não tivesse acontecido, como se fosse uma piada... E disse "Não, não, é que ninguém coloca". Bom, acredito que coisas assim são competitividade, que o que ela faz deve ser feito por todo mundo. E as aulas não podem ser todas iguais (Marta, GD de Barcelona).

Marta, como outras professoras,[2] interpreta esse tipo de situação como um sinal de rivalidade encoberta entre as colegas. A busca pela homogeneização das normas de convivência e a sua aplicação generalizada ignora a singularidade dos alunos e tenta minimizar as diferenças entre os professores. O que pode ser interpretado como competitividade é paradoxalmente uma tentativa de controlar e minimizar a diferença entre as professoras. A necessidade de identificação mútua com o outro pode ser mais forte em algumas instituições do que em outras, mas, sem dúvida, coloca em discussão a solidão de cada professora com seu grupo de alunos e acentua o possível caráter monolítico da instituição (o Outro). A pressão pela uniformidade confirma a percepção das colegas como uma massa indistinta e contribui para a redução das respostas possíveis das professoras novatas a dois extremos: incorporar-se ao Outro, que assimila e constrói sua identidade docente como mais um do grupo, ou criticar as suas regras, suas ideias e seus ideais e ficar sozinhas.

No entanto, outra leitura da relação com as colegas, sem excluir a anterior, é possível. Além de poderem ser percebidas como partes mais ou menos indistintas de um bloco mais ou menos monolítico que pretende assimilar a nova colega, elas também podem ser reconhecidas como outras, com suas diferenças e peculiaridades sendo descobertas pouco a pouco. Assim, na relação com o outro – e aqui já não falamos das colegas como uma massa indistinta (Outro), mas do outro, das colegas como semelhantes–, as respostas já não são reduzidas a uma assimilação total ou à crítica, porque o reconhecimento do outro passa inevitavelmente pelas identificações (ou sua falta), comparações e rivalidades. Quando é possível reconhecer as diferenças, e o outro não é mais um em um bloco, podemos nos perguntar como é possível construir a identidade docente a partir de diferenças e semelhanças.

---

2 A mesma interpretação surgiu posteriormente em um grupo de discussão.

Nas instituições de ensino, muito se discute a necessidade de compartilhar o mesmo discurso, o que, em um extremo, pode significar para muitas professoras (iniciantes ou não) não poder ou não dever dizer tudo que pensa. Contudo, apesar da possível existência de pressões, muitos delas podem manter boas relações com as colegas e aprender com elas, preservando suas próprias ideias. Para algumas, ter de ajustar-se dessa maneira às ideias de outras professoras pode representar uma luta interna constante e árdua, enquanto, para outras, pode ser muito mais fácil. Apesar de não termos investigado especificamente o motivo pelo qual algumas professoras novas se mostram mais abertas à aprendizagem com outras, enquanto algumas parecem ter padrões de comportamento mais rígidos, tendo dificuldade de aprender e mudar, algumas hipóteses são possíveis. A capacidade ou a predisposição para aprender poderia estar relacionada com: a) a personalidade de cada uma, pois algumas pessoas são mais rígidas e têm mais dificuldade de questionar suas concepções e mudar; b) a distância entre a prática e as ideias de cada uma – se as diferenças são extremas pode ser mais difícil aprender com e das outras; e c) um clima institucional que fomente ou iniba os intercâmbios e aprendizagens conjuntos.

Assim, a identidade docente não precisa, necessariamente, formar-se a partir de uma identificação imaginária com o ideal da instituição (Outro) na qual se teria de compartilhar plenamente o mesmo discurso, mas a partir de identificações simbólicas (CIFALI; IMBERT, 1998) com as colegas. A identificação simbólica não parte da percepção de uma imagem ideal ou de uma totalidade (quero ser como ela ou quero corresponder ao ideal da instituição), mas reúne traços das colegas, algumas de suas ideias ou características de seu trabalho e as coloca em relação ao desejo da pessoa com quem se identifica. A partir de então, novos aprendizados são criados e alguns elementos são reproduzidos, mas também muitos outros se transformam. Quer dizer, a partir da identificação simbólica com as colegas, alguns aspectos, não todos, são incorporados para serem reproduzidos e transformados, como é o caso das ideias e das práticas. Nesse sentido, a construção da identidade docente não consiste em uma mera reprodução de um modelo ou na pura repetição de práticas de outras professoras, mas sim um processo de incorporação, transformação e criação que parte necessariamente do desejo do indivíduo que aprende.

Quando é possível reconhecer as diferenças dos outros, as professoras iniciantes nos falam sobre as colegas que acompanham e propõem o que fazer e como e das que realmente estão dispostas a trocar ideias e aprender com as novatas. Em outro extremo, estão as que veem as colegas (iniciantes ou não) mais como alunas que necessitam se identificar plenamente com elas ou ser castigadas, repreendidas e disciplinadas até que a sua prática docente corresponda ao que essas professoras consideram adequado. Essa atitude não traz nenhuma novidade e, em geral, não é mais do que uma repetição da relação que as primeiras mantêm com seus alunos. Subjacente a essas relações, parece sempre existir a suposição de que há uma diferença (de conhecimento, de formação, de experiência, de rigidez disciplinar, etc.) que autorizaria uma parte do corpo docente a não respeitar os saberes e os desejos de seus colegas, do mesmo modo que, com frequência, tampouco são respeitados os de seus alunos (PADILLA-PETRY, 2006). Como algumas professoras nos contaram, uma experiência típica é ser repreendida por uma colega mais experiente diante dos alunos.

> Araceli considerou "muito triste" a falta de coesão dos professores da primeira escola e disse que chegou a passar por experiências tão extremas como ser repreendida por outro professor diante dos alunos (M de Paulo e Araceli).

Em uma situação assim, apagam-se as diferenças entre a professora iniciante e seus alunos e evidenciam-se as relações de submissão que podem existir em uma instituição de ensino. Quer dizer, o outro (a professora que reprime) tenta ocupar uma posição de autoridade que permite e demanda a identificação no espelho ("se você quer ser professora, deve ser rígida como eu, senão é apenas mais uma aluna indisciplinada"). Curiosamente, em uma situação como essa, acentua-se a necessidade de oposição entre as identidades docente e discente. É como se houvesse apenas duas posições a serem ocupadas em uma escola, com tudo que isso implica na aprendizagem – deve constituir-se como docente ou continuar sendo aluna. Na realidade, a professora iniciante era uma estudante universitária até pouco tempo atrás, e formar-se como professora implica, entre outros aspectos, deixar de ser aluna em estágio e passar a ser uma profissional. Em uma situação como a descrita, a autoridade da professora mais experiente ou mais rígida lembra a iniciante de que o corpo docente deve ter e exercer o controle do corpo discente. Ter uma turma barulhenta, por exemplo, seria como se colocar ao lado dos estudantes e esquecer sua identidade profissional.

De maneira geral, os conflitos, as críticas e os enfrentamentos entre professores não são raros e, com as evidências que mostramos, também não são facilmente esquecidos. Com frequência, as iniciantes comparam os conflitos com a tarefa educativa que compartilham. Muitas delas não acham coerente trabalhar com a educação de crianças e ter enfrentamentos entre si ou, por exemplo, querer que as crianças aprendam a colaborar umas com as outras, enquanto o mesmo não ocorre entre os professores.

> Um colega de profissão que critica o outro – não é meu caso, mas presenciei no ambiente de trabalho – é algo que me surpreendeu. Dentro do mesmo trabalho, em que se supõe que há companheirismo, essas coisas, há críticas ou conflitos por temas irrelevantes, o que, às vezes, repercute nas crianças. Estamos aqui para ajudá-las, e não para enfrentar uns aos outros ou, bem, é um ponto negativo que encontrei em minha experiência como professor, que não conhecia ou sabia que existia (David, GD de Cantábria).

Um fato semelhante ocorre, por exemplo, quando uma professora prioriza a criação de situações de aprendizagem, mas pertence a um grupo de docentes que não busca inovar, apenas reproduzir conhecimentos factuais e declarativos (BRUNER, 1973). Essas incoerências nos remetem mais uma vez à relação entre as posições docente e discente. No caso dos conflitos, fica em evidência a fragilidade da autoridade moral dos professores que tentam educar os alunos sobre algo que aqueles não sabem ou, pelo menos, não dominam bem. Como as professoras podem pedir aos alunos que façam algo que nem elas mesmas conseguem? A incoerência parece aproximar as duas posições e permite pensar sobre o seu impacto na construção da identidade docente. A professora iniciante que está em um local realmente conflituoso pode se sentir agredida e decepcionada ou simplesmente sentir um mal-estar causado pela hostilidade no ambiente de trabalho. Porém, mais do que isso, deve-se formar como uma professora que convive diariamente com as incoerências claras entre o que pede para os alunos e a realidade de convivência profissional. Em sua formação, deverá fazer algo em relação a essa divisão. Há muitas saídas possíveis, como ser independente do ambiente ("é um problema das outras professoras, eu não sou assim") ou adotar uma posição mais autoritária, que estabelece diferenças entre as regras que se aplicam aos alunos e as que se aplicam aos professores. De qualquer maneira, formar-se como docente implica encontrar uma saída aceitável para as incoerências encontradas entre ser parte de uma equipe docente e os ideais a partir dos quais se educa.

O PAPEL DAS IDEIAS E DA INOVAÇÃO

Todas as instituições de ensino dispõem de um projeto pedagógico e de um ideário mais ou menos consolidado sobre conceitos-chave para a prática docente, como o ensino, a aprendizagem, a motivação, a disciplina, etc.. Aprender com as colegas também envolve aprender sobre as ideias que guiam a prática docente nessa instituição específica. Na realidade, não estamos falando somente de ideias, mas também de como isso se traduz na prática.

> Um dia, nas formações e reflexões que fazemos nas reuniões de professores, lembro que falavam sobre a importância de compartilhar o discurso [...] e, é claro, não compartilhávamos o mesmo discurso; não podia entender, porque, para mim, se erguia uma muralha (M de M. José, Judit e Verónica).

Compartilhar o mesmo discurso pode significar muitas coisas: não discordar das professoras mais experientes, adotar as ideias do discurso oficial da instituição, não fazer nada com os alunos que seja possivelmente contraditório a essas ideias, etc. Curiosamente, compartilhar o discurso não quer dizer necessariamente inovar ou não. Isso se deve ao fato de que algumas escolas se consideram inovadoras e identificam as vozes discordantes como resistência à inovação praticada ali, inclusive quando se mantêm há vinte anos ou mais e parecem ter adquirido certa inércia.

> Tudo é dado para você, e, como eu digo, em muitas situações, a própria instituição acaba te sugando de uma forma tão abismal que você se sente mal consigo mesmo, porque queria fazer, e não te deixam. E quanto mais você colabora, mais coisas te excluem. Algo que me dá muita raiva é quando dizem: "Olha, poderíamos fazer isso. O que você acha?". Esse "o que você acha?" me dá raiva, pois, veja: "Não me pergunte o que eu acho, pois sabe o

que acabaremos fazendo. Então, não me pergunte". É uma forma de tapar a própria mentira, né? Sou uma pessoa educada e não digo isso, digo assim: "Olha, acho bom". Essa instituição tem uma trajetória reconhecida por ser inovadora, baseando-se nos princípios de escola ativa impulsionados por instituições como a Associação de Professores Rosa Sensat. Conta com um projeto educativo consolidado e com um plano de boas-vindas para os novos professores. A análise dessas circunstâncias revela que nada tem somente uma face, que tudo implica suas luzes e sombras, e que toda decisão possibilita uma série de coisas e dificulta outras (M de Xavi e Juana M.).

As instituições que se autodenominam inovadoras podem ser tão intolerantes quanto qualquer outra com as professoras iniciantes que não aderem ao seu discurso. Assim, como vemos nos casos como o de Xavi e M. José, mais ou menos inovador não quer dizer mais ou menos disposto a reconhecer e aprender com as diferenças.

A escola de MJ é uma instituição com um prestígio e um discurso de inovação poderoso, o que dificulta o surgimento de posições de dissidência ou de não identificação. Justamente por se situar em uma posição de abertura crítica, opera também como uma comunidade de reconhecimento e autorização em relação à sua equipe docente, uma vez que esta incorporou o discurso como próprio (M de M. José, Judit e Verónica).

Em geral, inovar costuma ser visto como algo positivo, e poucos desejariam se identificar como aqueles que não inovam ou resistem às inovações, então o problema pode também ser definir o que é mais inovador. O diretor de uma instituição pode não aceitar as ideias de uma professora iniciante por considerá-las "pedagogicamente retrógradas".

Se, por um lado, as professoras iniciantes podem se considerar mais inovadoras do que as experientes, a necessidade de inovar impõe uma troca permanente que pode gerar intranquilidade também àquelas que estão começando e buscam algumas definições estáveis sobre o que fazer com os alunos. Assim, o projeto educativo consolidado de uma instituição também pode ter um efeito tranquilizador, já que traz consigo uma estabilidade apreciada por quem busca se integrar ao grupo de professores e aprender a trabalhar com o corpo discente, mas também está claro que pode funcionar como censura a outras formas de entender o ensino.

A diretora, que me explicou o plano de boas-vindas, disse que levavam em consideração as ideias e as propostas dos novos docentes, mas "que não retrocedessem pedagogicamente falando". [...] Para Xavi e suas ideias pedagógicas, essa situação pode ter outras leituras. Um projeto pedagógico que não se desenvolve, que não se expande e incorpora outras visões está em risco de ficar estagnado, entrar na rotina e perder todo seu potencial pedagógico. Por outro lado, se as pessoas que chegam não se sentem incluídas no projeto com suas ideias e propostas, aos poucos perderão o interesse e, ao longo do tempo, se não encontrarem formas de resistência, se adaptarão à forma de trabalhar da escola (M de Xavi e Juana M.).

Assim, as sessões de informação e acolhimento podem ser mais uma doutrina na carreira de uma professora, e a falta de autorização de expor suas ideias pode ser o que mais a marca.

A boa reputação de uma instituição de ensino e a qualificação de seus profissionais também têm papel no imaginário das pessoas que chegam a ela. A suposta diferença entre o saber dos profissionais da escola e de quem acaba de chegar pode fazer com que sintam inibição ou dificuldade de participar nas reuniões, de dar sua opinião ou de questionar o que é dito. Autorizar e confiar em si mesma parece ser um passo necessário diante do desafio que pode representar o início da carreira docente em instituições com profissionais supostamente bem qualificados e reconhecidos. A outra possibilidade seria se colocar em uma posição passiva, de mera repetição, como alguém que não pode contribuir com nada e deve assimilar tudo sem questionar, o que pode ocorrer quando o tratamento recebido denota que ele é o iniciante, o jovem, o inexperiente. Não ser ouvido e ser considerado inexperiente pode ser duro e compreensível, ao mesmo tempo. As reações podem variar desde uma crítica às colegas até uma atitude aberta de aprendizagem, tentando ganhar o respeito das colegas por meio do trabalho.

O QUE PODEMOS APRENDER COM AS COLEGAS

Uma constante em nossa pesquisa foi a necessidade que as professoras iniciantes sentem de acolhimento e apoio por parte daquelas que têm mais tempo na instituição. A falta de acompanhamento e a concepção individualista da prática docente podem deixar as que estão começando bastante isoladas de suas colegas e com pouco ou nenhum acesso à experiência das outras. Nem todas as professoras estão disponíveis para facilitar a aprendizagem das novatas. No entanto, algumas se disponibilizam para falar e ajudar as que estão iniciando. Porém, o que mais chama a atenção é a falta de uma estrutura nas instituições que forneça suporte a elas. Apesar da existência de planos de boas-vindas, muitas comentaram que as iniciantes dependem basicamente de ajuda pessoal e espontânea de alguém, que pode ser até a própria diretora.

> Cristrina 2: No meu caso, não conheço estrutura alguma que dite que devem acolher você, mas tive a sorte de sempre ficar com colegas que me ajudaram, mas não por haver uma estrutura na escola, mas porque alguém sempre ajudou porque quis.
>
> María: Eu também não conheço estrutura, apenas o plano de alguma professora do local.
>
> David: Eu também.
>
> Ruth: Ou até mesmo a diretora, se a escola for pequena. (GD de Cantábria).

A falta de uma estrutura institucional que preze pelo acompanhamento das professoras que estão começando nos faz pensar sobre como se concebe o aprendizado da docência. Esse aprendizado termina com os estágios? A formação universitária garante tal aprendizado? Como se evidencia no Capítulo 3, a resposta para essa questão tem muitas nuances. Se há um consenso entre os profissionais da educação é de que resta muito para aprender após o final do curso. Assim, seria de se esperar que as instituições tivessem estruturas que garantissem o apoio a tal aprendizagem. A falta delas parece acentuar o caráter individualista do desenvolvimento profissional no ambiente de trabalho (cada um por si) e também um conceito de ensino-aprendizagem que se restringe a espaços formais, como as escolas ou as universidades. A aprendizagem entre iguais parece não merecer atenção e ser deixada ao acaso.

> Penso em todas as ocasiões em que acompanhei processos de inovação de docentes que, em dado momento, apontavam como sinal de mudança o fato de falarem sobre educação nas reuniões de professores, não de temas administrativos ou problemas disciplinares (M de Fernando e Jenny).

O tema das conversas com as colegas é fundamental para entender os possíveis aprendizados em jogo. Quando as professoras se reúnem para falar sobre as crianças, suas famílias ou o que os alunos fazem em aula, esquecem a própria prática docente, como se fosse um tema tão evidente que não faz falta falar ou até deve ser evitado. Contudo, muitas professoras iniciantes sentem falta de falar da prática e se encontram em uma realidade em que poucos estão dispostos a compartilhar experiências. Nos poucos casos em que existe essa possibilidade, a coordenação parece ser o desafio mais importante – poder conduzir a turma conjuntamente, e não "ela conduz, e eu me acomodo".[3] Quando falta coordenação e não é preciso mais um se adaptar ao outro, está claro que as possibilidades de aprendizagem se reduzem, e o potencial de mudança mútua da docência compartilhada fica muito limitado.

A necessidade das professoras iniciantes de aprender e de compartilhar experiências é bastante evidente, mas não se pode dizer o mesmo das professoras mais experientes. Ao menos essa é a impressão geral que têm as professoras iniciantes que participaram da pesquisa.

> As mais experientes têm sua maneira de trabalhar, e nós absorvemos mais porque estamos mais receptivos a tudo que vemos e começamos a utilizar aquilo que nos agrada, mas eu acredito que sempre se aprende com um professor novo. (David, GD de Cantábria).

É também a opinião de muitas professoras iniciantes que o Inglês e as TICs podem ser assuntos que elas dominam melhor e, por isso, podem suscitar algum interesse de troca por parte das outras professoras. Por mais que pareça óbvio que a necessidade de aprender e o interesse pela prática docente das iniciantes sejam mais fortes, não podemos afirmar que necessariamente não exista por parte das outras professoras um desejo de aprender com as que estão chegando. De qualquer modo, "quem mais precisa de troca?" é uma pergunta interessante, assim como "que tipo de troca?".

A dificuldade de compartilhar experiências e a sensação de solidão talvez seja mais grave entre as professoras especialistas, já que, geralmente, há somente uma por instituição. A posição singular ocupada por essas pro-

---

3   M de M. José, Judit e Verónica.

*   N. de R.: No Brasil, os professores que atuam nos cinco primeiros anos do ensino fundamental são comumente chamados de "professores regentes". Os professores licenciados em Educação Física e Inglês, por exemplo, são chamados de professores especialistas, assim como na Espanha. Na Espanha, os professores especialistas são "no tutores", ou seja, não são os professores-referência da turma ou não são os regentes da turma.

fessoras não regentes* pode ser interpretada de diversas maneiras. Por um lado, por trabalhar com muitos grupos de alunos ao longo de diferentes cursos, têm uma visão privilegiada do corpo discente da instituição, de sua evolução e de como diferentes grupos interagem com suas respectivas professoras regentes. Por outro lado, elas podem ser consideradas professoras que nunca chegam a realmente conhecer um grupo de alunos, pois não passam muito tempo com eles. A dificuldade das especialistas iniciantes de aprender com as professoras regentes chega a ser mais considerável do que a das outras iniciantes. Porém, nem tudo são queixas. Algumas especialistas encontram, na solidão, a liberdade para trabalhar como acham melhor. Como nos disse uma professora de Inglês, seria difícil adaptar-se a outra professora da mesma matéria que quisesse trabalhar de uma maneira que entrasse em conflito com a sua, por exemplo, a partir de um livro-texto.

Outra situação especial, mas cada vez mais comum, devido à crescente precariedade nas condições de trabalho, é a das professoras substitutas.* Se pode parecer que o caráter provisório do vínculo da instituição com a professora favorece um lugar de pouca importância no grupo, encontramos relatos de substitutas que apontaram precisamente o contrário. A condição de substituta gerava respeito pela *má sorte* de não ter um local definitivo, mas também curiosidade pela experiência que havia tido em outras instituições.

> Os professores respeitam muito os temporários, pois tivemos má sorte ou não ganhamos o trabalho ou não houve possibilidade de chamar os concorrentes por outras dificuldades. Então, penso que eu, na minha experiência pessoal, sempre fui muito respeitado e levado em consideração. Nas reuniões de professores – na primeira reunião –, eu pensava: "Você anota tudo que disserem e fica calado". "E qual é a sua opinião?", "o que você diz?", "fazem isso em outros lugares?". E, muitas vezes, pedem a opinião da experiência que você teve fora dali, porque, como estão na instituição há muitos anos... "E isso? Fazem assim em outra instituição?" (Ana Teresa, GD de Castilla y León).

É claro que nem todos os relatos coincidem com essa realidade, e, em muitos casos, a substituição é comparável a um limbo – um estar e não estar na instituição, ser mais um que logo sairá e depois será substituído por outra pessoa.

---

* N. de R.: No Brasil, aqueles professores que substituem os chamados professores efetivos ou concursados são comumente chamados de substitutos, eventuais ou temporários, a depender de cada sistema de ensino existente no país.

Assim como acontece com a solidão das professoras especialistas, o vínculo temporário das substitutas com a instituição também pode funcionar como uma licença para *ser livre*, para não considerar o que fazem os outros ou o projeto educativo do local. É claro que muitos se sentem bem com a dita autonomia ou liberdade, mas é inevitável pensar nas consequências dessa independência sobre a aprendizagem e a construção da identidade docente dessas professoras. O que parece inquestionável é que a necessidade de coordenar seu trabalho pedagógico com outras professoras provoca boas oportunidades de aprendizagem, ainda que se pague o preço de perder a autonomia característica da perspectiva individualista. Viver realidades diferentes e provar estratégias novas, incluindo aquelas que, em um primeiro momento, pareciam não funcionar, permitem ampliar a visão e trazer mais segurança.

A INTEGRAÇÃO AFETIVA COMO CONDIÇÃO NECESSÁRIA, MAS NÃO SUFICIENTE

Após tudo que escutamos em nossa pesquisa, pode-se afirmar que a integração afetiva e as trocas com outras professoras são uma necessidade da docência, principalmente no início da carreira. No entanto, esses aspectos não significam necessariamente um aprendizado derivado do compartilhamento e da discussão de ideias. As outras professoras podem assumir facilmente o lugar de suas colegas de infortúnio ou aborrecimento pelas tarefas administrativas, sem que isso signifique a produção de trocas e de aprendizagem. Compartilhar queixas costuma ser muito mais fácil do que compartilhar experiências ou questioná-las de maneira que seja possível mudar e aprender a partir da troca.

Em geral, o apoio afetivo está fora dos muros da escola, entre amigos ou familiares que compartilham ou compartilharam a mesma profissão. Igual e ironicamente, muitas das trocas entre as professoras de uma mesma instituição ocorrem fora dela, em jantares informais ou no transporte público ou privado, enquanto vão ou voltam do local de trabalho. A partir disso, estar fora da escola permite falar do que não se pode expressar dentro e, por mais óbvio que seja, isso remete a um ponto fundamental que é a quase inexistência de espaços de troca e integração afetiva nas instituições. Assim como as instituições escolares costumam ignorar ou não se importar com os sentimentos relacionados à docência (PADILLA-PETRY, 2013), tampouco criam espaços institucionais que propiciem o diálogo aberto sobre temas que são relevantes para as professoras.

Muitas vezes, os grupos de apoio informais se transformam em espaços de trabalho e tornam-se o berço de projetos de inovação docente. Outras vezes, como refletiram algumas professoras, conviver bem não quer dizer estar de acordo em sala de aula. Consideramos essa distinção interessante, pois confirma o que foi dito sobre a possibilidade de compartilhar queixas e se dar bem com as colegas sem realmente questionar a prática docente de cada uma. De todo jeito, encontramos relatos de grupos de trabalho produtivos que começaram como grupos de amigos.

> Sim, mas tenho diversas experiências. Os primeiros anos foram em uma instituição privada de alto padrão em Madri, planejando com minha colega e junto à direção [...] Diziam o que tínhamos que fazer, mudar o *Moodle* a cada mês [...]. Na instituição pública, minha experiência não foi nada boa, mas encontrei um *grande apoio* com pessoas com quem *compartilhava o carro e pessoas que queriam se envolver com projetos*, tanto especialistas quanto professores de turma (Patricia, GD de La Rioja).

A informalidade dos grupos é uma marca constante que volta a nos lembrar da falta de espaços institucionais de planejamento e troca. Desse modo, fazer parte de um grupo cujos integrantes trabalham juntos, trocam ideias e experiências parece fortuito, que pode ocorrer ou não, nunca se sabe... Muitas vezes, o papel da equipe de direção se limita a não colocar obstáculos nas iniciativas das professoras. Claro que há casos em que "a vontade de fazer mil projetos" (Patricia, GD de La Rioja) do grupo se encontra com uma equipe de direção que ajuda e motiva, mas, em geral, o desempenho da direção está relacionado com a distância, a inércia ou a inibição das iniciativas.

CONCLUSÃO

Quando comecei a escrever sobre o papel das colegas na construção da identidade docente, uma ideia que aparecia com insistência era a de que as professoras com mais experiência exercem uma influência determinante sobre as iniciantes. Essa ideia, que conferia certa passividade à iniciante, não era totalmente coerente com a minha experiência profissional nas escolas. Explicar a construção da identidade docente somente pela assimilação do Outro, que representa a massa indistinta de colegas, seria, de fato, muito restritivo e não corresponderia aos relatos das professoras que participaram da pesquisa. Por exemplo, a decisão de mudar de instituição para buscar outro grupo que se ajustasse mais às ideias e aos desejos da professora iniciante não é rara. No entanto, também não podemos ignorar o papel das colegas e supor que toda professora iniciante acaba encontrando uma instituição que se ajusta perfeitamente a seus interesses profissionais. As colegas e os projetos educativos delimitam as possibilidades de se formar como docente; o que não quer dizer que as iniciantes necessariamente tenham de copiar seus colegas sem transformar ou almejar nada.

A preocupação, mais ou menos formalizada, de muitas professoras veteranas com a uniformização do discurso e a pressão exercida sobre as iniciantes para que incorporem de imediato as ideias e atitudes das mais experientes, ou simplesmente de quem tem mais poder dentro da instituição, deixam suas marcas. Nenhuma professora iniciante chega a uma instituição sem ideias e ideais prévios, e a educação que pretende dar a seus alunos é suficientemente importante (HARGREAVES, 1998) para que se resigne a reproduzir, sem refletir, o que as outras professoras dizem. Isso faz com que compartilhar o mesmo discurso, especialmente as mesmas práticas, dependa muito da interação das professoras com seus alunos. A identidade docente se constitui também a partir da interação com os alunos, e quando o discurso que pode compartilhar com as outras professoras entra em conflito com as ideias da iniciante e com a maneira de se relacionar com seus estudantes, a resolução de tal conflito contribui para formar parte da sua identidade na profissão. Quer dizer, aprender a ser professora de ensino fundamental implica buscar e encontrar soluções mais ou menos provisórias para viver profissionalmente com conflitos entre o que se diz e faz diante das outras professoras e com os alunos.

Um dos pontos mais interessantes e, ao mesmo tempo, preocupantes, nesse processo, talvez seja a insuficiência de espaços formais e a importância dos espaços, das associações e das iniciativas informais nas instituições.

Além disso, as normas e, em geral, as direções das escolas ficam com um papel de "quanto menos interferirem, melhor". Há direções que apoiam as inovações docentes e ajudam a integração das professoras iniciantes, mas também existem relatos sobre o peso negativo de algumas normas e a interferência desafortunada das direções das instituições. Ao mesmo tempo, não faltam experiências, projetos e aprendizados que nascem de grupos que se iniciam de maneira totalmente informal e espontânea. O apoio e a integração das professoras novas também se deve em grande parte às boas-vindas espontâneas de algumas colegas e aos grupos que se formam, inclusive fora das instituições. Por mais que isso seja coerente com as experiências que todos temos quando começamos a participar de um novo grupo (profissional ou não), os espaços institucionais que deveriam apoiar, acolher e ajudar as professoras chamam atenção pela sua ausência.

Finalmente, como também faz parte da experiência comum daqueles que começam a participar de um novo grupo profissional, a integração afetiva desempenha um papel decisivo. A gratidão pelo bom acolhimento e as lembranças amargas dos conflitos e das humilhações estiveram presentes nos relatos das novas professoras que participaram de na pesquisa. Como já foi dito, geralmente a boa integração afetiva ocorre em grupos de trabalho e de inovação docente, e a má recepção pode causar isolamento, falta de trocas profissionais e muito sofrimento. As instituições não costumam contar com espaços institucionais para lidar com o sofrimento laboral (BLANCHARD-LAVILLE, 2001). Mais uma vez, as professoras iniciantes devem contar com a sorte de ter uma amiga ou colega de trabalho com quem possam conversar. Assim como a construção da identidade docente necessariamente passa por alguma elaboração dos conflitos entre diferentes discursos e práticas, também passa por uma superação (total ou não) das dificuldades de integração afetiva.

RECOMENDAÇÕES E SUGESTÕES

A busca por um discurso uniforme e por uma prática educativa comum e coerente com esse discurso parece ser uma tendência de todas as instituições de ensino. No entanto, a pressão pela conformidade sobre as professoras novas serve, em geral, para ignorar suas ideias e minimizar as diferenças individuais. Tal processo, além de causar mal-estar e sofrimento, não contribui para a sua aprendizagem profissional e pessoal, mas pode levar à repetição rotineira e à inércia. Assim, seria recomendável garantir espaços de escuta e diálogo, em que se levaria em conta suas experiências prévias e suas ideias sobre ensino-aprendizagem. Do mesmo modo, no momento de apresentar o projeto educativo da instituição, seria interessante destacar as diferenças individuais que possam existir entre as professoras do local, sem que isso signifique inviabilizar o projeto coletivo, mas enriquecê-lo.

O acolhimento das novas professoras pela instituição é um momento fundamental na construção da identidade docente. Todas as instituições deveriam ter e implementar planos de boas-vindas que assegurassem o seguinte: a) uma boa integração afetiva, não apenas normativa; b) tempo suficiente para aprender sobre a instituição; e c) momentos de prática docente compartilhada acompanhada por professoras mais experientes.

Alguns projetos de inovação educativa surgem a partir de associações espontâneas entre as professoras, e o papel da equipe de direção parece se limitar, em muitos casos, a colocar obstáculos. Mesmo assim, seria interessante que as instituições tivessem um espaço formal onde os grupos organizados de forma espontânea pudessem apresentar e discutir suas ideias e suas experiências com os alunos.

A prática docente das professoras pode causar situações difíceis e conflituosas com as famílias, os alunos e outras professoras. A falta de um espaço institucional para tratar aberta e honestamente dessas situações contribui para um desgaste ao longo do tempo, que pode culminar no esgotamento, no cinismo e na indiferença, associados à síndrome de esgotamento profissional, também conhecida como *burnout*. Todas as instituições deveriam ter espaços de participação periódica e voluntária para que todas as professoras interessadas possam se encontrar e falar sobre sofrimento relacionado ao trabalho, pois as profissões da saúde e da educação são as mais expostas a isso. Por esse motivo, em outros países, em hospitais e escolas, já existem iniciativas como as recomendadas aqui.

REFERÊNCIAS

BLANCHARD-LAVILLE, C. *Les enseignants entre plaisir et souffrance*: vers une écologie clinique du lien didactique. Paris: PUF, 2001.

BRASLAVSKY, C.; DUSSEL, I.; SCALITER, P. *Los formadores de jóvenes en América Latina*: desafíos, experiencias y propuestas. Maldonado: Administración Nacional de Educación Pública del Uruguay, 2000. Informe final del seminario internacional organizado conjuntamente por la Oficina Internacional de Educación y la Administración Nacional de Educación Pública del Uruguay.

BRUNER, J. S. *Beyond the information given*: studies in the psychology of knowing. New York: Norton, 1973.

CHEMAMA, R.; VANDERMERSCH, B. *Dictionnaire de la psychanalyse*. Paris: Larousse-Bordas, 1998.

CIFALI, M.; IMBERT, F. *Freud et la pédagogie*. Paris: PUF, 1998.

FERNÁNDEZ MORANTE, M. C. La innovación educativa como contexto de desarrollo profesional y organizativo. *Innovación Educativa*, v. 11, p. 103-114, 2001.

FREUD, S. Psicologia de grupo e a análise do ego. In: FREUD, S. *Obras completas*. Rio de Janeiro: Imago, 1969. v. 18, p. 89-179. Trabalho original publicado em 1921.

GEE, J. P. *An introduction to discourse analysis*: theory and method. New York: Routledge, 1999.

GUERRA, M. A. S. Criterios de referencia sobre calidad del proceso de enseñanza/aprendizaje en la universidad. *Revista de Enseñanza Universitaria*, v. 1, n. 1, p. 25-47, 1990.

GUERRA, M. A. S. *Enseñar o el oficio de aprender*: organización escolar y desarrollo profesional. Rosário: Homo Sapiens, 2001.

HARGREAVES, A. *Beyond educational reform*. New York: Open University, 1998.

LACAN, J. *O seminário, livro 8*: a transferência. Rio de Janeiro: Zahar, 1992.

PADILLA-PETRY, P. Críticas piagetianas e psicanalíticas à atual formação de professores. *Educação e Realidade*, v. 31, n. 1, p. 53-68, 2006.

PADILLA-PETRY, P. Las emociones de la profesión. *Cuadernos de Pedagogía*, v. 436, p. 62-65, 2013.

ROUDINESCO, E.; PLON, M. *Dictionnaire de la psychanalyse*. Paris: Fayard, 2000.

5

"Sou professora porque sempre gostei de crianças": infância e escola a partir da perspectiva dos professores iniciantes

Amalia Creus
Laura Domingo Peñafiel
Marta Ortiz Moragas

Resumo

Este capítulo explora o papel que representam os discursos sociais sobre a infância nos processos de construção da identidade docente nos primeiros anos de exercício da profissão. Com esse objetivo, propomos responder à seguinte pergunta: quais representações da infância os professores de ensino fundamental constroem e compartilham nos anos iniciais de suas trajetórias profissionais? O capítulo se divide em duas partes. A primeira é dedicada a explorar questões relativas à construção de algumas das representações que, ao longo da história moderna, foram fixadas como maneiras naturalizadas de ver e compreender a infância. A segunda, por sua vez, reúne a perspectiva dos próprios docentes a partir da análise das evidências resultantes da pesquisa deste livro. Com esse conjunto, o capítulo aborda diferentes maneiras de ver a infância, buscando ampliar o conhecimento existente sobre os processos de construção identitária dos professores iniciantes.

INTRODUÇÃO: A ESCOLA E A REPRESENTAÇÃO SOCIAL DA INFÂNCIA

"Todas as pessoas grandes foram um dia crianças... Mas poucas se lembram disso!". Essa citação é de *O Pequeno Príncipe* (*Le Petit Prince*), do escritor francês Antoine de Saint-Exupéry (1943), uma das mais belas e celebradas obras sobre a relação entre crianças e adultos. Começar este capítulo fazendo referência a uma das representações modernas mais emblemáticas da infância na literatura tem uma intenção precisa: convidar o leitor a nos acompanhar em uma viagem indagatória em que propomos explorar alguns dos discursos sociais sobre o assunto que povoam e nutrem nosso imaginário. Entendemos que esses discursos têm um papel fundamental na mediação das relações pedagógicas criadas dentro das escolas.

A representação da infância é um tema amplamente explorado na pesquisa social. A partir de muitas perspectivas, apontou-se a importância de prestar atenção à grande variedade de práticas e discursos sociais que deram sentido à infância em diferentes momentos históricos e contextos sociais (ARIÈS, 1960; BARDET et al., 2003; BECCHI; JULIA, 1998; CORSARO, 1997; DE MAUSE, 1991; HEYWOOD, 2001; MORROW, 2011; POSTMAN, 1982; QVORTRUP, 2005). As famílias, o Estado, a Psicologia, a Medicina, os meios de comunicação e, é claro, a educação escolar são alguns dos âmbitos que criam e transmitem grandes narrativas sobre o que as crianças são ou deveriam ser. Assim, podemos entender a escola como um espaço de socialização em que convivem diferentes representações sociais relativas à infância. Reesa Sorin (2005) cita algumas das mais recorrentes – a criança inocente, a nobre, a boa, a desobediente –, conceitos que foram mudando ao longo do tempo, mas continuam na configuração do olhar adulto sobre a infância escolarizada e, assim, têm influência significativa na modelagem das práticas e políticas educativas.

A imagem da criança inocente é possivelmente uma das mais emblemáticas e que está profundamente presente nos discursos sociais sobre a infância escolarizada. Desde que Froëbel, no início do século XIX, cunhou o termo *Kindergarten* (jardim de infância), a visão do infante como criatura frágil, que vem ao mundo como uma *tábula rasa* e que precisa ser cultivado com suavidade e firmeza por adultos oniscientes, constitui um dos elementos que formam os alicerces da gramática escolar moderna, que mantém até hoje a estrutura simbólica e organizativa da escola (principalmente a de educação infantil, mas também a de ensino fundamental).

É sensato supor que o professor não é imune à força desse tipo de discurso. Não se trata de um tema menor. Com efeito, o docente desempenha um papel fundamental na constituição da infância escolarizada, pois é ele que guia, apoia e dá palavra às crianças, porém, também é ele que diz não, ensina as regras, dá limites e nega a palavra. A visão do professor – sua maneira de mencionar e compreender a infância – está na base da relação pedagógica que constrói com cada menino e menina e é interiorizada pelas crianças, que quase sempre aceitam com reconhecimento agradecido. Caso contrário, as disciplinas normalizadoras (LERENA, 1983) atuam sobre elas, embutidas em alguns dos métodos reguladores da instituição escolar – salas de aula especiais, diagnósticos diferenciais (com o respectivo tratamento), reunião com as famílias, assistência de especialistas, etc.

Neste texto, propomos explorar o papel dos discursos sociais sobre a infância nos processos de construção da identidade docente nos primeiros anos de profissão. A pergunta que tece as diferentes considerações deste capítulo é a seguinte: quais representações de infância os professores de ensino fundamental constroem e compartilham nos primeiros anos de suas trajetórias profissionais? A partir dela, outras questões surgem: como os professores veem as crianças? Como falam delas? Que imagens projetam? De onde essas percepções vêm e como são alimentadas? Quais relações pedagógicas constroem a partir dessa visão?

Desenvolvemos esse conjunto de questões nas duas principais considerações que compõem este capítulo. A primeira delas – "A infância na cultura" – está dedicada a explorar algumas das representações sociais que, ao longo da história moderna, foram fixadas como maneiras naturalizadas de ver e compreender a infância. A segunda, intitulada "A infância a partir da perspectiva dos professores", foi escrita a partir da análise das evidências empíricas resultantes da pesquisa, mais especificamente dos relatos do grupo de professores iniciantes que falaram da sua prática, de suas inquietações e dos seus modos de entender e de se relacionar com as crianças. As contribuições desses docentes nos permitiram construir um mosaico rico e complexo de suas visões e de como elas habitam os espaços cotidianos da sala de aula.

A INFÂNCIA NA CULTURA

A infância, como objeto de estudo, ganhou importância gradualmente nas ciências sociais. Hoje em dia, os *child studies* constituem um campo específico de pesquisa, cuja riqueza se reflete no crescente volume bibliográfico dedicado a estudar e conceitualizar a infância. Foram muitos os acadêmicos que, a partir de áreas diferentes – a História (ARIÈS, 1960; BARDET et al., 2003; BECCHI; JULIA, 1998; HEYWOOD, 2001), a Sociologia (QVORTRUP, 2005), a Psicologia (KOOPS; ZUCHERMAN, 2003) ou a Educação (BUCKINGHAM, 2009) –, trouxeram contribuições significativas para uma melhor compreensão dessa etapa da vida.

Entre eles, um autor citado com frequência é o historiador francês, Philippe Ariès. Em sua obra clássica, *L'enfant et la vie familiale sous l'ancien régime*, publicada pela primeira vez em 1960, Ariès defende a ideia de que o reconhecimento da infância como uma etapa estritamente diferenciada da vida adulta não existia antes do século XVI. A partir de uma minuciosa análise de quadros, retratos, monumentos funerários, roupas, brinquedos, testemunhos literários e outros artefatos culturais, o autor constata que, somente após o Renascimento, iniciou-se a percepção sentimental da infância como um período separado da vida adulta. Ariès afirma que, na Idade Média, isso não existia – as crianças se integravam à comunidade a partir do momento em que conseguiam cuidar de si mesmas, participando da vida social de acordo com sua força e suas possibilidades. Ainda que muitas das afirmações desse autor tenham sido questionadas mais tarde e revisadas por outros autores (BECCHI; JULIA, 1998; DE MAUSE, 1991),[1] seu trabalho é uma contribuição de

---

1 O artigo de Paulí Dávila e Luis Naya (2012) ajuda a ampliar referências e a questionar estereótipos sobre essa questão da história da infância.

grande valor aos estudos sobre a infância, na medida em que abriu uma ruptura questionadora com o objetivo de desnaturalizá-la – como categoria social em constante mudança – e contextualizá-la.

A INFÂNCIA MODERNA: DA RUA À ESCOLA

A partir do Renascimento e, mais adiante, com a Revolução Industrial, a infância tornou-se um foco inquestionável de interesse nas sociedades europeias. As mudanças demográficas ocorridas no século XVIII trouxeram consigo uma problematização emergente da infância, que se refletia na necessidade de tirar as crianças da rua. A instituição escolar teria um papel central nesse processo. A Pedagogia aparecia, então, como um espaço de produção discursiva destinada a nomear e explicar a circulação de saberes nas instituições escolares, ajudando, assim, a configurar e reproduzir um determinado modelo de infância moderna. A infância desejada estava em extrema oposição à das crianças que moravam nas ruas – a outra infância, localizada às margens da sociedade –, que passariam a ser uma preocupação crescente nas sociedades industrializadas do final do século XIX.[2]

Com efeito, segundo Sandra Carli (2011), em muitos países europeus, a infância estava presente nos principais circuitos: na família-escola e na rua-mendicância. O primeiro era o da família *bem constituída* e o da educação obrigatória, elementos que formavam a infância *normal*. O segundo, por outro lado, era associado ao desvio e, por consequência, ao patológico e ao antissocial, portanto, era objeto de práticas corretivas ou, nas palavras de Michael Foucault, práticas normalizadoras e divisórias, que permitiam padronizar e uniformizar enquanto dividiam e diferenciavam o que era normal do que era desviado. Esse era o impulso de um projeto civilizador que, como afirma Fernando Hernández-Hernández (2012), contribuía para a educação escolar e, mais precisamente, para a aliança entre família, escola e Estado, o papel conformador do novo cidadão da revolução burguesa.

Todos esses mecanismos fazem parte de uma herança que se registra no "código genético" da instituição escolar e alimenta nossa maneira de entender e de se relacionar com a infância. É verdade que muitos aspectos

---
2 Em Alzate (2003), encontra-se uma ampliação dessas visões.

da nossa vida mudaram desde a constituição da escola no limiar da modernidade. Hoje em dia, vivemos na sociedade da informação e do conhecimento, o que supõe o surgimento de novos modos de aprender, de se relacionar e de compartilhar conhecimentos. Algumas dinâmicas, no entanto, seguem sendo reproduzidas sem mudanças – a organização do tempo e a divisão dos espaços escolares, a separação de crianças por níveis e idades, a suposição da necessidade da disciplina e o prêmio e o castigo como principal forma de relação com o sujeito educado. Paulo Freire fez tudo isso ser conhecido como os valores de uma educação formal, que segue sujeitando o trabalho docente a uma determinada configuração organizativa e simbólica dos espaços de aprendizagem e das visões a respeito da infância.

Professores na encruzilhada: entre a tradição escolar e a mudança social

Como a dicotomia entre tradição escolar e mudança social afeta a maneira com que os professores veem as crianças? Como afirmou Zygmunt Bauman (1999), se vivemos em uma sociedade atravessada pela crise dos valores da modernidade, será que a relação dos professores com a infância também passa por isso?

Responder a essa pergunta nos situa diante da necessidade de reconhecer que a visão dos docentes sobre a infância não é uma construção estática – pelo contrário, ela é uma compreensão que acompanha seu tempo, que se alimenta de tradições históricas e também dos surgimentos sociais que impactam o cotidiano da escola. Assim ocorre, por exemplo, com a globalização e a onipresença das tecnologias digitais, fenômenos que criaram um terreno propício para o surgimento do que David Buckingham (2007) denomina de "infância midiatizada". Na maioria dos países pós-industrializados – conforme afirma o autor –, as crianças e os adolescentes passam mais tempo utilizando meios e dispositivos digitais do que ficam na escola ou interagindo diretamente com sua família ou seus amigos. Fenômenos como esse estão deixando em crise algumas das representações tradicionais – mas muito vivas – da infância escolarizada, por exemplo, a ideia da infância *natural*, que não é mediada e em que a criança não tem preocupações, brinca e aprende em harmonia com a sociedade e com a natureza.

Muitos professores que entrevistamos chamam a atenção para as dificuldades de se relacionar com a infância pós-moderna, muito diferente daquela que preencheram suas expectativas durante a formação inicial e daquilo que viveram. O contraste de imaginários nos primeiros anos de carreira supõe um período de aprendizagem que muitos docentes qualificam como difícil e cheio de contradições, e os dados que aparecem no trabalho de campo esboçam evidências significativas nesse sentido. Uma delas é o fato de muitos professores iniciantes, por exemplo, sentirem-se incomodados diante da necessidade de dialogar com meninos e meninas que colocam em xeque as expectativas e os desejos que muitos desses professores expressam ao falar sobre sua decisão de se dedicar ao ensino. Além disso, o fato de as crianças terem iniciativa e levarem, para a sala de aula, experiências que o adulto não teve oportunidade de conhecer pode desestabilizá-lo, colocando em dúvida a ideia nutrida no imaginário escolar de que a criança é complacente.

A frase "sou professora porque sempre gostei de crianças" concretiza esse imaginário, tendo praticamente se tornado um bordão quando os professores explicam os motivos de terem decidido se formar como educadores. Na próxima seção, indaga-se sobre o sentido de afirmações como essa a partir das reflexões dos próprios professores.

A INFÂNCIA A PARTIR DA PERSPECTIVA DOS PROFESSORES

A relação com a infância é um dos aspectos que define a profissão de professor. Embora saibamos que a prática docente ocorre em meio a uma complexa trama de interações entre pessoas (professores, famílias, estudantes, diretores, inspetores de ensino, etc.), são os meninos e as meninas – no contexto escolar, os alunos – que costumam constituir o vínculo fundamental ao redor do qual se estabelece a relação educativa.

Ao longo dos anos em que pesquisamos a profissão docente, tivemos o privilégio de compartilhar nosso trabalho com educadores de diferentes contextos e níveis educativos. Essas pessoas colaboraram com nosso estudo, explicando suas preocupações, suas trajetórias de vida e seus modos de aprender, ajudando-nos, com isso, a desenvolver um valioso corpo de conhecimento sobre os processos da construção da identidade profissional.[3]

Tendo como base esse saber compartilhado, propusemo-nos a refletir sobre algo que surge com força nas palavras e nos gestos dos professores e das professoras que participaram da pesquisa – a relação com a infância como aquilo que dá sentido ao fazer docente, como o centro de gravidade em torno do qual se encontra sua prática educativa.

A importância dos vínculos afetivos

O vínculo com a infância costuma ser um elemento fundamental nos relatos profissionais dos docentes que entrevistamos. Está presente, por exemplo, quando nos explicam sua decisão de se tornar professores ou falam sobre a determinação de seguir adiante em momentos difíceis. Nessa relação, dão ênfase ao afeto e à necessidade de cuidado. Frases como "Saber se está alegre, se é feliz, se vem à escola tranquilo, se se sente protegido e querido" são recorrentes nas microetnografias e nos grupos de discussão, remetendo-nos a uma imagem de infância inocente e desprotegida. Essa imagem pode ser vislumbrada em algumas das reflexões compartilhadas pelos professores participantes no estudo:

> Eu quis ser professora por gostar dos ofícios relacionados com o afeto, acho. E, não sei, sempre tive tendência a cuidar das crianças da família, mas [...] o que me satisfaz mais é quando estou dando aula e dizem "já está na hora?". E as crianças te procuram para saber quando terão mais aulas contigo, porque gostaram muito e estão curiosos. Eu sei que tenho muita sorte, porque, não sendo professora do ensino médio, explico histórias, fazemos coisas muito bobas, né? Além disso, estou nos anos iniciais e tenho vontade de mordê-los (María, GD de Barcelona).

Como mencionamos, uma das respostas mais recorrentes quando perguntamos os motivos de sua escolha profissional costuma ser "sou pro-

---

3 Entre outros projetos em que abordamos questões relacionadas, estão: *Los efectos de los cambios sociales en el trabajo y la vida profesional de los docentes universitarios* (ESPAÑA, 2006-2009); *Análisis del impacto de los cambios sociales y profesionales en el trabajo y la vida de los docentes* (ESPAÑA, 2003-2006); *Professional Knowledge in Education and Health: Restructuring work and life between the state and the citizens in Europe* (GÖTEBORGS UNIVERSITET, 2004-2007).

fessora porque gosto de crianças" ou "porque estar com crianças me faz sentir bem". Comentários como esses podem transitar nos limites do narcisismo: "as crianças me preenchem muito, pois são pequenas, mas muito carinhosas. Para elas, você é Deus, e tudo é como você diz que é". No entanto, essa mediação afetiva e essa visão da infância como período de inocência necessitam de controle e limites. Alguns educadores falam, com certo incômodo, sobre a dificuldade de transmitir valores, de estabelecer limites, do medo de perder a autoridade, e esse discurso parece estar ganhando força diante do desconforto que provocam as mudanças sociais e culturais próprias do período histórico em que vivemos. Nessa época, presenciamos o desmantelamento do incipiente Estado de bem-estar social que havia sido conquistado nos últimos 30 anos, diante do qual se faz necessário resgatar o papel dos educadores em uma sociedade em que as referências modernas de escola, religião ou família não são explicadas ou traduzidas.

Entre o afeto e o medo de perder o controle

Para muitos professores, a educação dos mais jovens é um terreno repleto de dúvidas. Quando é adequado vigiar as crianças e quando é melhor se distanciar? De quanta liberdade precisam? Quando é conveniente estabelecer limites? Ainda que se trate de um espaço de relação claramente mediado por um viés afetivo, a incerteza e o incômodo vêm à tona quando aparece uma criança difícil, que não se conecta, que "não gosta", porque não responde às expectativas do docente em relação ao que deve ser uma criança.

Será por isso que ganham cada vez mais lugar os discursos sociais sobre a adolescência prematura ou o desaparecimento da infância? (BALAGUER, 2002; POSTMAN, 1982; STEINBERG; KINCHELOE, 2000). A criança inocente agora sabe, move-se, responde e não obedece. Essa percepção está atravessada por uma dupla expectativa: são crianças que precisamos educar, cuidar, proteger e controlar, mas que também precisam de disciplina, responsabilidade, autonomia e preparo para conviver com a incerteza e com as mudanças constantes. A expectativa que se construiu a partir dos relatos de infância com os quais o imaginário docente se nutre foi de que os meninos e as meninas do ensino fundamental são curiosos, atentos, interessados e têm vontade de aprender, mas, de repente, essa imagem se quebra em certos momentos. A professora não consegue atrair sua atenção para fazer com que alguns deles se envolvam e participem da tarefa que ela propôs ao grupo. Há algo na bagagem de vida que essa criança traz à escola que a desconcerta, porque desconhece o que é ou porque, se sabe o que acontece, desconhece a maneira de lidar e responder a isso. Por isso, estabelecer pontes de relação, conectar com esse perfil de aluno, é, por vezes, uma tarefa árdua. Uma professora explica o seguinte:

> Na aula, tive muito trabalho para me conectar com eles. Você termina o dia e diz: "é que não sei onde encontrá-los, o que fazer para motivá-los". Por serem crianças de 8 ou 9 anos, diz "no ensino médio é mais comum, mas com 8 anos chegarem à aula e não quererem participar das atividades...". Não sei [...] ficam tristes ou amargurados (Cristina, GD de Baleares).

Diante desse panorama, muitos docentes se sentem em uma encruzilhada. Onde se situar entre o controle e o afeto? Como estabelecer os limites entre o consentimento e o cuidado? Que saberes são necessários para interpretar e proceder com as atitudes que se contrapõem a suas expectativas? A resposta que surge nos relatos de professores é de que só se pode encontrar a saída para essas perguntas no contato diário, no "estar e falar com as crianças", no "sentir que você é necessário", com "essa confiança te pedem, te contam, te dizem coisas sem problema algum, porque são crianças e não sentem vergonha". É preciso estar disposto a entrar no corpo a corpo e ir construindo pontes de relação que tenham mais a ver com a intuição e com a troca emocional do que com a aplicação de metodologias ou conteúdos curriculares. Uma professora explica o seguinte:

> Durante o primeiro ano como professora, muitas vezes pensei "Como é diferente do que eu imaginava, do que pensava que seria o dia a dia trabalhando em uma escola, do que foi finalmente estar diante de uma sala de aula como professora. Quantas sensações tive desde então, quantas atitudes e valores repensei. Não foram poucas as vezes que saí da aula com dúvidas. Realmente estou fazendo bem meu trabalho? Ajudei-os a aprender determinado conteúdo? Fui suficientemente atenta com todos? Consegui explicar bem uma história, uma atividade? Soube respeitar o ritmo de todos? Valorizei-os? Escutei-os?" (M de Amalia e Marta).

Em muitas ocasiões, os professores e as professoras nos falaram de momentos difíceis em que é preciso "se tornar autoritário" e enfrentar "crianças mimadas", "famílias que não ajudam". Momentos como esses, em que faz falta entrar em aula "com a espingarda carregada" e mostrar que "existem regras e que você precisa fazer com que elas sejam cumpridas". Essas situações criam tensão, porque quebram posições aprendidas e questionam discursos naturalizados. As crianças não são anjos, a infância não é uma etapa agradável e feliz. Ocorrem, então, vivências que desajustam os papéis desejados, o lugar de ser docente imaginado. É preciso se reinventar, mudar de posição e assumir que a passagem entre o desejo e a realidade é, às vezes, dolorosa, mas é um caminho que inevitavelmente deve ser seguido. É um caminho melhor se, como aparece no Capítulo 8 (a formação permanente), o percurso é feito em companhia de outros colegas.

A tudo que foi mencionado anteriormente unem-se as ambivalentes relações com as famílias. A desconexão com os progenitores é, assim, outro sintoma que surge nos relatos dos docentes, algo que parece ganhar cada vez mais presença em um contexto de crise econômica e estrutural generalizada, e que muitos professores vivem como um foco de tensão e mal-estar. O empobrecimento das famílias, a precariedade laboral, a redução do apoio dos serviços sociais – adverte-se – está trazendo consequências diretas sobre a infância. Explicam-nos que, atualmente, para muitos alunos, a escola passou a ser um espaço "confortável e seguro", onde estão protegidos, alimentam-se, onde podem encontrar um ambiente de convivência e respeito muito diferente da realidade que vivem em casa.

> Acredito que existem duas características que são fundamentais: ser paciente e ser capaz de se colocar no lugar da criança, porque, às vezes, isso não ocorre. Você fica louco, porque ela não quer trabalhar e, às vezes, não querem trabalhar por algum motivo. Há casos de crianças que, quando você começa a conhecer a história da família que está por trás [...] por isso, creio que a empatia e a paciência são duas coisas básicas (Ana, GD de Galícia).

Para a maioria dos professores que participaram da pesquisa, a resposta mais eficaz diante da incerteza é a atitude reflexiva, assumida como uma constante indagação sobre sua própria prática. A prática, como afirma Lawrence Stenhouse (1975), pode ser um espaço de luta, em que cada professor deve abrir brechas entre os limites e as barreiras que muitas vezes impõe o contexto (a instituição e as condições materiais e simbólicas que envolvem seu fazer docente). Outra professora explica o seguinte:

> Acho que me sinto assim porque grande parte de minha experiência como professora foi em escolas de bairros de periferia de Barcelona e em escolas para crianças em situação de vulnerabilidade social. Lá, compartilhei minha vida com meninos e meninas cujas vidas não eram fáceis, pelo contrário. Vivi com crianças que só comiam o que a escola oferecia, crianças cujos pais não cuidavam da higiene e das necessidades mais básicas. Ainda assim, elas me ensinaram muito sobre a infância, com sua capacidade de sobreviverem e serem felizes. Para muitas delas, a escola era o lugar onde podiam ser felizes, onde alguém as escuta, diz o que fizeram bem, o que elas trabalharam, o que conquistaram. Isso, em parte, tem sido meu trabalho: dar a essas crianças uma oportunidade. Mas elas também me deram algo, contribuíram para minha experiência, para todos os dias em que parece que nada funciona bem (M de Amalia e Marta).

Nesse sentido, os professores apostam em confiar nos valores que são básicos em qualquer relação humana, em que o reconhecimento de si mesmo e do outro desempenha um papel importante. Além disso, ele vai além da experiência da relação que vai se tecendo, ao compartilhar encontros e escrever o relato biográfico no processo de pesquisa:

> Preciso comentar que a minha experiência contigo foi muito enriquecedora. Você me forneceu um bom espaço de reflexão sobre minha profissão, da qual gosto e que me entusiasma. Por isso, não quero perder esse apreço, esse prazer que me foi ensinado, a reflexão sobre minha prática, o reconhecimento da relação com meus alunos, a rede de conhecimento, entre outros (M de Fernando e Jenny).

PARA CONCLUIR: PARA UM NOVO DIÁLOGO COM A INFÂNCIA

Ao longo desta pesquisa, encontramo-nos com professores iniciantes que se sentem hoje em um lugar de incertezas em relação à infância, que, no entanto, não se limita à carência ou à negatividade, mas impulsiona para a indagação e a busca por respostas e alternativas. Se há algo que a maioria dos docentes que participaram deste estudo compartilha é a capacidade de resistir diante de situações adversas e a vontade de continuar aprendendo constantemente. A partir dessa perspectiva, uma suposição que surge com a pesquisa é a de que a distância que muitos professores sentem entre as decisões, as ideias, as crenças e os sonhos que os levaram a querer ser docentes e o que encontram no mundo do trabalho (SANCHO, 2013) pode também abrir espaços para o questionamento e para a construção de práticas educativas menos complacentes.

Assim como afirma Ángel Díaz de Rada (1996), consideramos que a pesquisa sobre educação pode ajudar a construir uma crítica rigorosa da visão instrumental do ensino, destacando os paradoxos que ocorrem entre o ideal universal da educação escolar e a realidade local das instituições concretas. O autor apresenta a escola como um espaço de relações entre a dimensão instrumental e a dimensão convencional da experiência, lugar em que os esquemas de meios e fins da instituição, longe de se cumprirem como realizações automáticas de ideais abstratos, dependem das convenções que as relações entre os administradores, os alunos e as famílias que pertencem às instituições estabelecem na prática.

Com esse objetivo, quisemos entender melhor certas práticas docentes, narradas e interpretadas pelos professores que participaram da pesquisa. São reflexões que nos falam de como estão experimentando e dando sentido aos encontros, aos desencontros, às tensões e às emoções que a escola oferece como espaço complexo de socialização. Com as informações recolhidas, pode-se inferir que muitas dessas práticas, hoje vividas como naturais, provêm de tradições discursivas que surgiram em momentos determinados de nossa história social. Essas representações continuam fazendo com que muitos professores encontrem sua motivação inicial ou atração principal pelo ensino em uma visão romântica da infância.

Acreditamos, por fim, que prestar atenção nos modos de ver a infância pode ser um bom ponto de partida para a construção de um novo diálogo educativo, em que esteja em jogo a emoção, a intersubjetividade, a sedução e a utopia, mas que também sejam proporcionadas ferramentas para uma compreensão crítica do lugar que a infância ocupa na cultura. Tudo isso, distanciando a ingenuidade de quem pensa que a vontade é suficiente para a mudança. Por isso, a importância de não esquecer que a escola é um instrumento criado para colonizar a infância (CANNELLA; VIRURU, 2004), para silenciar sua autoria e sua voz com os saberes disciplinares que dão corpo à função docente (Psicologia, Pedagogia, Neurociência, Pediatria). Dessa maneira, o sujeito se transforma em aluno; o desejo de aprender se transforma em esforço; a vontade de se comunicar com o descobrimento da leitura e da escrita se transforma em pautas, normas e espaços em branco que se devem preencher. Nessa contradição, é preciso aprender a transitar com esforço, em meio a dúvidas e erros, mas com tenacidade, imaginação pedagógica e viajando acompanhado, incluindo os meninos e as meninas reais, não os imaginados e desejados.

RECOMENDAÇÕES E SUGESTÕES

A partir desta narrativa, da exploração que esboçamos neste capítulo, uma série de considerações surge para reconfigurar os imaginários sobre infância e para repensar os modos de relação que permitam que as expectativas dos docentes dialoguem com as realidades complexas das instituições de ensino a partir de áreas de abordagem, de indagação compartilhada e de busca de alternativas. São elas:

- Favorecer a criação e a gestão de espaços e momentos para o debate e a experimentação dentro das instituições, dando apoio e visibilidade a propostas e experiências pedagógicas que rompam com uma visão instrumental do ensino. Estas seriam experiências que favoreçam a indagação e a autoria, tanto dos docentes quanto das crianças.

- Prestar atenção, reunir e documentar os paradoxos que ocorrem entre o ideal universal da educação escolar e a realidade local das instituições concretas. Precisamos fazer isso para, em um processo de ação-reflexão-ação, colocar em jogo alternativas que, se não resolverem paradoxos, permitam encontrar espaços às margens das posições naturalizadas.

- Estimular a formação permanente a partir de uma perspectiva crítica, incorporando visões genealógicas de ensino que deem elementos para compreender o efeito que as tradições discursivas têm acerca da infância na prática cotidiana dos professores. Nesse contexto, revisar os modos de representar a infância mostrados nas paredes das instituições, nos livros, nas histórias, no cinema e nas séries de televisão pode ajudar a decifrar aquilo que, de outra maneira, ficaria oculto.

• Finalmente, não perder de vista a noção e a praxe de autoria (*agency*), entendendo que as crianças são atores sociais que aprendem em relação às estruturas, aos agentes e às práticas sociais que as rodeiam. Por isso, é importante ajudá-las a encontrar e manifestar suas vozes e seus desejos, junto a práticas de resistência e autoria diante daquilo que é imposto a elas e as coloniza.

REFERÊNCIAS

ALZATE, M. V. *La infancia*: concepciones y perspectivas. Pereira: Papiro, 2003.

ARIÈS, P. *L'enfant et la vie familiale sous l'ancien régime*. Paris: Plon, 1960.

BALAGUER, I. *Estilos de vida en la adolescencia*. Valencia: Promolibro, 2002.

BARDET, J.-P. et al. *Lorsque l'enfant grandit*: entre dépendance et autonomie. Paris: Université de Paris-Sorbonne, 2003.

BAUMAN, Z. *Liquid life*. Cambridge: Polity, 1999.

BECCHI, E.; JULIA, D. *Histoire de l'enfance en occident*. Paris: Éditions du Seuil, 1998.

BUCKINGHAM, D. *After the dead of childhood*. Cambridge: Polity, 2009.

BUCKINGHAM, D. *La infancia materialista*: crecer en la cultura consumista. Madrid: Morata, 2007.

CANNELLA, G. S.; VIRURU, R. *Childhood and postcolonization*: power, education, and contemporary practice. New York: Routledge Falmer, 2004.

CARLI, S. *La memoria de la infancia*: estudios sobre historia, cultura y sociedad. Buenos Aires: Paidós, 2011.

CORSARO, W. *The sociolgy of childhood*. Thousands Oaks: Pine Forge, 1997.

DÁVILA, P.; NAYA, L. M. Infancia, derechos y educación: ¿historias traumáticas?. *Educatio Siglo XXI*, Murcia, v. 30, n. 2, p. 11-24, 2012.

DE MAUSE, L. (Ed.). *Historia de la infancia*. Madrid: Alianza Universidad, 1991.

DÍAZ DE RADA, Á. *Los primeros de la clase y los últimos románticos*: una etnografía para la crítica de la visión instrumental de la enseñanza. Madrid: Siglo XXI, 1996.

ESPAÑA. Ministerio de Ciencia y Tecnología. Programa Sectorial de Promoción General del Conocimiento. *Análisis del impacto de los cambios sociales y profesionales en el trabajo y la vida de los docents*. Barcelona, 2003-2006. BSO2003-02232. Disponível em: < http://www.cecace.org/proj-cambios.html>. Acesso em: 13 abr. 2016.

ESPAÑA. Ministerio de Educación y Ciencia. *Los efectos de los cambios sociales en el trabajo y la vida profesional de los docentes universitarios*. Barcelona, 2006-2009. SEJ2006-01876. Disponível em: <http://www.cecace.org/proj-profuni-en.html>. Acesso em: 13 abr. 2016.

GÖTEBORGS UNIVERSITET (Coord.). *Professional knowledge in education and health*: restructuring work and life between the state and the citizens in Europe. Göteborg, 2004-2007. Project reference: 506493. Disponível em: < http://cordis.europa.eu/project/rcn/79230_en.html>. Acesso em: 13 abr. 2016.

HERNÁNDEZ-HERNÁNDEZ, F. La cultura visual como estrategia que posibilita aprender a partir de establecer relaciones. *Revista Instrumento*, v. 14, n. 2, p. 196-207, 2012.

HEYWOOD, C. *A history of childhood*: children and childhood in the west from medieval to modern times. Cambridge: Polity, 2001.

KOOPS, W.; ZUCHERMAN, M. *Beyond the century of the child*: cultural history and developmental psychology. Philadelphia: University of Pennsylvania, 2003.

LERENA, C. *Reprimir y liberar*: crítica sociológica de la educación y de la cultura contemporáneas. Madrid: Akal, 1983.

MORROW, V. *Understanding children and childhood*. Lismore: Centre for Children and Young People, 2011. (Background Briefing Series, 1). Disponível em: <http://epubs.scu.edu.au/cgi/viewcontent.cgi?article=1027&context=ccyp_pubs>. Acesso em: 11 abr. 2016.

POSTMAN, N. *The disappearance of childhood*. New York: Delacorte, 1982.

QVORTRUP, J. (Ed.). *Studies in modern childhood*: society, agency, culture. New York: Palgrave Macmillan, 2005.

SAINT-EXUPÉRY, A. *Le petit prince*. Paris: Gallimard, 1943.

SANCHO, J. M. Aprender a ser docente en la formación inicial y los primeros años de trabajo: aportaciones de un estudio con profesorado de Primaria. In: POGGI, M. (Coord.). *Políticas docentes*: formación, trabajo y desarrollo social. Buenos Aires: IIPE; UNESCO, 2013. p. 197-222.

SORIN, R. Changing images of childhood: reconceptualizing early childhood practice. *International Journal of Transitions in Childhood*, v. 1, p. 12-21, 2005.

STEINBERG, S.; KINCHELOE, J. *Cultura infantil y multinacionales*. Madrid: Morata, 2000.

STENHOUSE, L. *An introduction of curriculum research and development*. London: Heineman, 1975.

6

Compromisso e reconhecimento social dos professores: alguns paradoxos de uma profissão na encruzilhada

Alejandra Montané López

Resumo

A escolha de ser professor é fortemente determinada por elementos pessoais e subjetivos, biográficos e coletivos e, principalmente, por um senso de compromisso que se mantém e modifica durante o exercício da profissão e que, além das políticas formativas, continua sendo a base para o desenvolvimento e o aperfeiçoamento profissional. A paixão por ensinar, a dedicação de tempo fora do horário letivo, o envolvimento com os meninos e as meninas e a participação nas instituições de ensino configuram, junto com a ideologia e o envolvimento com os temas de índole social, uma concepção multidimensional do compromisso profissional docente. Esse compromisso não é proporcional à percepção ou à vivência de reconhecimento social por parte dos professores e das professoras. Este capítulo analisa as dimensões do compromisso docente e reúne as percepções sobre o reconhecimento social de diversos professores iniciantes, o que oferece algumas pistas para nos aprofundarmos nas vivências do início do exercício profissional.

INTRODUÇÃO

A pesquisa sobre a construção da identidade docente, ou, em outras palavras, sobre como se aprende a ser docente, remete a processos dualistas e dialéticos que analisam os sujeitos em seus contextos e os modos como se relacionam consigo mesmos, com os demais e com o mundo. Assim, a formação da identidade profissional do professor tem as características dos processos complexos e contém dilemas que poderiam ser representados com a imagem de uma encruzilhada: lugar comum atravessado por circunstâncias e realidades que podem ser, às vezes, contraditórias e geradoras de tensões marcadas em um contexto social, epistemológico e profissional, que é a expressão das transformações sociais e das exigências que a profissão apresenta para as novas gerações de professoras e professores.

Este capítulo trata de dois elementos relevantes: o compromisso profissional e o reconhecimento social dos professores – elementos não enfrentados que, em contrapartida, podem ser analisados a partir de uma visão dialógica. Andy Hargreaves (1996) afirmava que a sociedade se encontra em um momento em que se subestimam os professores e que, além disso, eles mesmos parecem estar convencidos de que a sociedade em geral os vê dessa forma. Porém, estamos falando de uma percepção. Socialmente, existe uma elevada consideração em relação à profissão docente que contrasta com a sensação de contar com um baixo reconhecimento social por parte dos professores envolvidos em nossa pesquisa.

O compromisso pessoal e profissional com a docência se configura como um aspecto relevante para a construção identitária e, ao mesmo tempo, é fundamental para o êxito e o futuro da educação (SKILLBECK; CONNELL, 2004; WATSON; HATTON, 2002) e para estar envolvido no trabalho ativamente (DAY, 2006).

A NATUREZA DO COMPROMISSO

Claramente, essa profissão está cheia de paixão e desmotivação. Para argumentar quanto à paixão, basta sentir o ensino e conviver com ele por meio de nosso interior, com a motivação interna. A partir disso, obtém-se uma recompensa pessoal e profissional, que serão, juntas, uma conquista para a própria profissão. (SÁNCHEZ LISSEN, 2009, p. 136).

O trabalho dos professores é multifacetado e produzido em contextos que supõem um desafio emocional e intelectual (DAY, 2007). Estamos falando de um *profissionalismo complexo* (EIRÍN NEMIÑA; GARCÍA RUSO; MONTERO MESA, 2009), cujos protagonistas devem ser configurados como "[...] profissionais eruditos, experientes, reflexivos, comprometidos e enérgicos [...]" (SYKES, 1990, p. 20 apud EIRÍN NEMIÑA; GARCÍA RUSO; MONTERO MESA, 2009, p. 4). Segundo Jennifer Nias (1981), o compromisso dos docentes foi contemplado como um fator crítico e desejável para a educação.

O compromisso é considerado como a qualidade que separa aqueles que "querem" ou "se entregam" daqueles "que não se preocupam com as crianças" ou "põem sua comodidade em primeiro lugar". Além disso, é também a característica que separa "aqueles que levam o trabalho a sério" daqueles que "não se preocupam com o que pode reduzir a qualidade" e aqueles que "são leais a toda escola" daqueles "que só se preocupam com suas aulas". E mais, distingue aqueles que veem a si mesmos como "professores autênticos" daqueles que têm seus interesses ocupacionais fora da escola (NIAS, 1989, p. 30-31 apud BOLÍVAR, 2010, p. 15).

O contexto social e as mudanças nas exigências profissionais provocaram o desenvolvimento do conceito de *compromisso* como uma construção complexa e multidimensional que está muito marcada pelas características individuais. Parte do compromisso docente é associada ao interesse pelo próprio desenvolvimento profissional, sendo concretizado nos processos de aprendizagem dos professores, na sua vinculação com as instituições, no desejo de ser docentes ou no envolvimento com as crianças. Essa aprendizagem é, ao mesmo tempo, complexa e deslocada e têm múltiplas possibilidades, sendo a formação permanente uma delas (ver Cap. 8), ainda que esta nos remeta a um conceito definido pela própria legislação educativa como *um direito e uma obrigação de todos os professores*.

Em nossa pesquisa sobre a identidade docente, tentamos tornar visíveis as contribuições sobre os aspectos relevantes do compromisso por meio dos discursos dos professores e das professoras, surgidos nas microetnografias e nos grupos de discussão, seguindo uma série de aspectos que serão detalhados a seguir.

AS DIMENSÕES DO COMPROMISSO

O ensino é um trabalho exigente, estressante, em certos momentos, e complexo. No entanto, esses são precisamente os fatores que fazem da profissão um trabalho atrativo para aqueles indivíduos que se sentem envolvidos com o mundo da educação. Malcom Skillbeck e Helen Connell (2004, p. 30) sugerem que "[...] as exigências do ensino – e os seus benefícios econômicos comparados – são tantas que são necessários sólidos valores pessoais e uma perspectiva madura para manter os professores e nutrir seu compromisso durante muitos anos [...]". Em contrapartida, isso está estreitamente relacionado à visão de que o compromisso está associado a valores e à ideologia (DAY, 2006; SUN, 2004).

Leanne Crosswell (2006) afirma que se pode falar de duas grandes dimensões do compromisso: a *pessoal* e a que traduzimos por *compromisso em ação,* cujos aspectos principais são refletidos na Figura 6.1. A contribuição realizada neste estudo para a proposta de Crosswell é a consideração de que existe uma terceira dimensão, que denominamos de *compromisso social, ideológico e político,* que, além de representar um valor em si mesma, funciona como vínculo entre as dimensões pessoal e compromisso em ação.

O compromisso pessoal

A dimensão pessoal se constitui principalmente dos fatores particulares associados ao professor: as atitudes próprias e as motivações dos docentes de forma individual, assim como suas experiências pessoais, suas ideologias e suas convicções. Além disso, relaciona-se com outros aspectos característicos, como o tempo e a energia de que um indivíduo dispõe para investir em sua profissão.

Leanne Crosswell (2006) propõe duas categorias conectadas com a dimensão pessoal, que são o compromisso do professor como uma paixão pelo seu trabalho e o compromisso do professor como um investimento do seu tempo extra. Susana, do GD de Castilla y León, afirma que é necessário sentir a docência e que, por meio da sua ideia de que *é importante não passar em vão pela infância de um aluno*, é fácil ficar perto dos conceitos que associam o compromisso com uma dimensão afetiva descrita pela docência como paixão (DAY, 2006, 2007). Ainda assim, a percepção e a vivência do compromisso são sumamente complexas e estão inter-relacionadas com conceitos afins, como a satisfação, a ideologia (SUN, 2004), a autopercepção, o pertencimento a um projeto ou uma instituição, as condições de trabalho ou, até mesmo, a etapa concreta da vida profissional.

Álvaro Marchesi e Tamara Díaz (2007, p. 12), em um estudo realizado com professores ativos e futuros professores, destacavam a dimensão emocional e moral da docência:

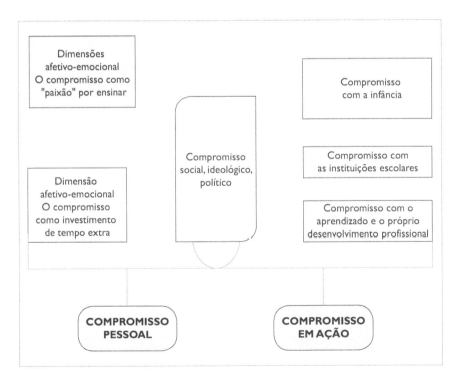

Figura 6.1 Dimensões do compromisso.
Fonte: Adaptada de Crosswell (2006).

A dedicação apaixonada à atividade docente amplia as experiências emocionais positivas dos professores. Esse tipo de dedicação costuma ter raízes no substrato emocional que configura a profissão. Emoção e compromisso, vida afetiva e atitude ética estão, portanto, profundamente relacionados. Os valores assumidos e vividos geram emoções positivas e ajudam poderosamente a enfrentar a adversidade e os conflitos; porém, a emoção orientada para uma meta, a paixão intencional, mantém e reforça o compromisso e a ação. Razão, emoção e compromisso ético caminham juntos, e é preciso ser capaz de aproveitar suas dinâmicas convergentes.

A ideia de que um professor comprometido sente paixão por algum dos aspectos da profissão docente parece ser o elemento que o sustenta e motiva nessa profissão, que muitos deles consideram como uma carreira de obstáculos. Nesse sentido, esses professores consideram o apego emocional ou a paixão como um elemento crucial para a sobrevivência e o desenvolvimento na profissão.

Em 2006, Leanne Crosswell propôs que se partisse da paixão pelo ensino como elemento essencial, enquanto considerava relevantes o investimento de tempo *extra* e a relação com a comunidade escolar para a compreensão da dimensão pessoal que configura o compromisso profissional.

Isabel, do GD de Baleares, exemplifica essa questão, dizendo: "Não é possível ser uma boa professora se não me dedico por horas em casa e faço formação". O estudo de Crosswell revela que os professores, assim como Isabel, relacionam o compromisso com a dedicação de um tempo adicional fora da escola, que, frequentemente, é investido de forma invisível, no sentido de que envolve a atividade individual ou de autoformação. Essa dimensão enfatiza uma nova preocupação, que se reflete na tensão entre o visível e o invisível do investimento de tempo e dos supostos associados ao conceito de compromisso docente. Um enfoque mais diversificado desse investimento de tempo nos permitiria valorizar o compromisso de Amaia (GD do País Basco), ao afirmar: "eu tenho muitas horas livres que dedico para preparar as aulas". Retrata-se o compromisso pessoal dos docentes como uma dedicação de tempo extra, como uma responsabilidade inerente que acompanha o trabalho de ensino e que se estende até muito além das horas de trabalho estipuladas. É habitual, portanto, que um professor comprometido utilize tempo extra no planejamento e na organização da aula.

Parece que alguns professores se apaixonam pelo ensino em geral, outros se apaixonam por alguns aspectos da profissão, como a relação com as crianças. Como comentava Mireia, "chego antes na escola, com tempo, e, quando abro a porta, estou lá dentro para receber e dar boas-vindas às crianças enquanto vão chegando, para que saibam e vejam que as estou esperando" (M de Alejandra e Mireia).

Ainda que, em geral, considere-se a paixão como uma característica positiva, Noémie Carbonneau et al. (2008) realizaram um estudo sobre o papel da paixão nos sintomas de esgotamento dos professores. A partir de um modelo dualista da paixão, eles propõem dois tipos: a *harmoniosa* e a *obsessiva*. A primeira parece conduzir a resultados de adaptação (p. ex., ao bem-estar e à satisfação), enquanto a segunda conduz a resultados menos adaptativos (p. ex., a vergonha ou a negatividade). Esse estudo revelou que o aumento da paixão harmoniosa no ensino previu o aumento na satisfação profissional e a diminuição dos sintomas de esgotamento com o tempo, enquanto as alterações na paixão obsessiva não tiveram relação com tais resultados. Portanto, aceita-se que a dimensão afetiva é fundamental para a profissão, é dinâmica e pode modificar a si própria e modificar, ao mesmo tempo, o desenvolvimento profissional.

O compromisso social, ideológico e político

Como anunciamos inicialmente, a dimensão *social, ideológica e política* faz parte do compromisso pessoal e do compromisso em ação, além de, em alguns casos, atuar como ponte entre ambos. É evidente que nem todos os professores manifestem um interesse político, ainda que a maioria demonstre uma preocupação social e uma base ideológica relacionada a algum aspecto da educação.

Social e politicamente falando, as mudanças sofridas por esse grupo partem de determinados *campos de batalha retóricos* e decisões políticas concretizadas com mudanças legislativas ocorridas sem diálogo e consenso suficientes. Alguns professores que participaram desta pesquisa se posicionaram criticamente ao manifestar que a educação, sua função e seu papel possibilitam a produção de transformações sociais. Nesse sentido, para Henry Giroux (1990, p. 161)

[...] a educação se converte em uma espécie de ação que se associa a linguagens de crítica e possiblidade. Representa, por fim, a necessidade de uma entrega apaixonada por parte dos educadores, para que o político seja mais pedagógico; em outras palavras, para transformar a reflexão e as ações críticas em partes fundamentais de um projeto social.

Essa dimensão política se evidencia em alguns dos compromissos adotados por professores como Elvira, do GD de Madri:

Desde bem pequena, cuidei dos pequeninos, mas, depois, ao conhecer certas pessoas, você começa a ver algo mais político: a educação como base para a mudança e a revolução. Comecei por gostar de crianças, mas, em seguida, isso se uniu ao pensamento de que elas são nosso futuro e ao desejo de mudar coisas por meio da educação.

Essa perspectiva e esse sentido de militância pessoal que conecta vida e profissão, como são manifestados repetidamente no grupo de discussão de Madri, trata-se de um posicionamento clássico da educação, que atualmente recupera força e relevância devido ao contexto de crise econômica, social, política e de valores, em que a educação é sistematicamente questionada e afetada pelos cortes de investimento.

Leanne Crosswell (2006) afirma que é útil distinguir entre as variáveis pessoais, ligadas ao compromisso que incorporam a paixão e o investimento de tempo adicional, e uma dimensão mais periférica, também muito relevante, que inclui fatores profissionais ligados ao meio de ensino, como o compromisso com a comunidade escolar, a manutenção e o desenvolvimento dos conhecimentos profissionais e a transmissão de conhecimentos e valores. Assim, quando Elvira dizia "Comecei por gostar de crianças, mas, em seguida, isso se uniu ao pensamento de que eles são nosso futuro e ao desejo de mudar coisas por meio da educação", ela nos estimulava a valorizar como os professores refletem e articulam suas crenças sobre a educação, sua ideologia e seus sistemas de valores pessoais. Dessa maneira, ela abria a porta para tratar de um aspecto crítico e político de seu posicionamento. Como mencionamos, alguns participantes do estudo se posicionaram criticamente ao manifestar que a educação, sua função e seu papel possibilitam a produção de transformações sociais. Esse reconhecimento de que a educação não é neutra, esse pensamento freiriano, evidencia-se em alguns dos compromissos adotados por professores que afirmam que *esse trabalho se mistura com seu projeto de vida e sua militância pessoal.*

O compromisso em ação

O compromisso docente é multidimensional, indo desde as dimensões relacionadas às crianças da escola até as que têm a ver com a profissão. A compreensão desses aspectos como base do compromisso é crucial, já que os professores atuarão de maneira diferente de acordo com os aspectos da profissão e da organização com a qual estão comprometidos (FIRESTONE; ROSENBLUM, 1988; KUSHMAN, 1992; NIAS, 1981).

A partir da análise dos dados, é evidente que essa dimensão representa as diversas formas em que os docentes percebem a materialização prática do compromisso em ação. Nesse sentido, fatores como o contexto da escola, os estudantes, as famílias e a direção escolar são considerados muito influentes nas formas em que os professores manifestam seu compromisso central.

Cabe destacar, nesta seção, que as condições de trabalho[1] podem ser utilizadas para examinar como as diferentes políticas educativas afetam o compromisso dos professores.

O compromisso com a infância

Essa modalidade de compromisso, além do senso comum e dos estereótipos, aparece intensamente em nossa pesquisa. A maioria dos professores mostra um profundo interesse e compromisso com os alunos, com seu desenvolvimento e com o impacto do seu trabalho como docente. Isso não é somente um elemento fundamental para a escolha da profissão, mas também dá sentido à vida pessoal e profissional e determina, em parte, certo bem-estar profissional. Inmaculada (do GD de Castilla y León) destaca que "A cada dia, estou melhor e aprendo mais com as crianças; parece mentira, mas as próprias crianças vão te ensinando". Além disso, o compromisso com a infância e a aprendizagem, articulado com a vontade de fazer as coisas bem--feitas, funciona como um antídoto para algumas condições de trabalhos

---

1 Ver Capítulo 7.

hostis. Como diz Fernando (do GD de Castilla y León), funciona como uma fonte de satisfação: "Tenho certeza de que comigo as crianças aprendem, então saio da aula orgulhoso, sabendo que faço e cumpro meu trabalho". Robert Young (1993), entre outros autores, afirma que esse tipo de compromisso com a infância é precisamente um dos principais motivos pelos quais alguém decide ser professor ou professora, e Jennifer Nias (1981) propõe a noção de compromisso como cuidado centrado no trabalho emocional de cuidar e ajudar as crianças.

O compromisso com as instituições de ensino

O docente apaixonado e socialmente comprometido exerce sua profissão em escolas concretas, e estas não são formações sociais homogêneas. No interior de cada uma, existe um jogo de poder, dinâmicas acumuladas entre grupos, privilégios para determinados níveis de ensino e exclusões deliberadas. Esse conjunto de circunstâncias, ao qual Stephen Ball (1989) se refere como "micropolítica de escola", faz com que um professor se comprometa mais com um projeto ou outro ou que se sinta mais confortável em uma ou outra escola.

Assim, podemos falar de um *compromisso organizacional*, que é considerado multidimensional. John Meyer e Natalie Allen (1991) identificam três tipos diferentes de compromissos: *afetivo, de continuidade* e *normativo*. O compromisso afetivo se refere ao emocional dos funcionários, ao apego, à identificação com a instituição de ensino e à participação na organização. O compromisso de continuidade se refere à consciência dos custos associados ao abandono da organização. Por isso, há tantos professores que não abandonam uma escola, já que seu vínculo se baseia na continuidade ou, até mesmo, no medo de mudanças. Por fim, o compromisso normativo reflete um sentimento de obrigação de continuar em uma instituição.

O vínculo entre a autonomia e o compromisso tem como base a visão teórica de que a autonomia, ou a autodeterminação, é fundamental para a motivação interna (DECI; RYAN, 2000). O compromisso surge quando um indivíduo se sente responsável pelos resultados do trabalho. Se o que é feito depende principalmente das ordens de um superior, de controles impessoais ou de esforços dos demais, os resultados não são atribuídos aos próprios esforços. Essa motivação interna que se baseia na autonomia e no compromisso reforça o sentido de pertencimento a uma instituição, como nos mostra Mónica (M de Sandra e Mónica):

> Mas hoje em dia estou feliz. Gosto do colégio, da sua ideologia, dos meus colegas, e amo meu trabalho. Me sinto valorizada e, pouco a pouco, vou dominando a matéria. Ainda falta muito, muitíssimo para eu aprender, e espero e desejo fazer isso aqui, no MEU colégio.

Assim, o vínculo é reforçado entre o docente e a instituição naquilo que é chamado *compromisso afetivo*, que gera apego e identificação, como nos explica María José (M de María José, Verónica e Judit):

> É que, se eu for a outra escola, tudo será muito diferente, e não quero isso. Teria muito trabalho para me adaptar de novo à mudança para algo em que não acredito, sabe? Trabalhar de uma maneira em que não acredito e, claro, isso não é fácil... tenho uma amiga que passou por essa situação, e ela vai combinando o que acredita com o que dizem que deve fazer. E isso é uma luta interna constante.

Teoricamente, a participação está ligada ao compromisso de diversas formas, por exemplo, à medida que os professores percebem que podem ou não participar da tomada de decisões. A falta de participação pode envolver desapego e mal-estar:

> Tudo é dado para você e, como eu digo, em muitas situações, a própria instituição acaba te sugando de uma forma tão abismal que você se sente mal consigo mesmo, porque queria fazer, e não te deixam. E quanto mais você colabora, mais coisas te excluem. Algo que me dá muita raiva é quando dizem: "Olha, poderíamos fazer isso. O que você acha?". Esse "o que você acha?" me dá raiva, pois, veja: "Não me pergunte o que eu acho, pois sabe o que acabaremos fazendo. Então, não me pergunte". É uma forma de tapar a própria mentira, né? Sou uma pessoa educada e não digo isso, digo assim: "Olha, acho bom" (M de Xavi e Juana M.).

O compromisso, portanto, é produzido quando o professor se identifica fortemente com um ou vários aspectos de um contexto ou uma organização em particular. Ele pode estar comprometido com a filosofia de uma organização, com os objetivos, com os valores ou até com sua reputação.

Essa perspectiva pode se vincular diretamente ao conceito de compromisso com a organização e, mais especificamente, com a ideia de compromisso afetivo (MEYER; ALLEN, 1991).

Antonio Bolívar (2010) apresenta um debate interessante sobre a lógica do compromisso *versus* a lógica do controle, afirmando que o compromisso, como padrão organizativo de uma escola, expressa-se em um trabalho colaborativo e em equipe, mais do que hierárquico e isolado, e alguns contextos estruturais de relação possibilitam a autonomia profissional junto com a integração dos membros da organização. O grau de autonomia e liberdade na ação melhora o desenvolvimento profissional e aumenta a sensação de pertencimento a um grupo. Assim, Fernando (GD de Castilla y León) diz:

> A liberdade que você tem em um colégio depende da situação em que se encontra. Se você está em um colégio com muitos colegas, há uma ordem hierárquica muito estabelecida e você sabe que estão te controlando, você tem que cumprir suas obrigações. No meu caso, por exemplo – sei que é um caso especial e que sou mais jovem –, sou mais escutado ao falar, pois tenho pouca experiência a respeito. Mas, vejo que, no meu colégio, se quiser, você sai orgulhoso, porque diz "eu trabalhei", e faço coisas que valem para mim e para as crianças. Mas, se você quiser chegar na aula, abrir o livro e ler, no fim, aprovamos todos e somos muito felizes, pois você fez isso e ninguém disse nada.

Possivelmente, as condições profissionais no posto de trabalho, a clareza das funções e o reconhecimento entre colegas tenham uma relação importante com a sensação de pertencimento a uma instituição e, portanto, com o compromisso com esta. Assim, o professor pode se sentir inserido e desenvolver sua profissão em contextos muito diferentes ao mesmo tempo, como reflete Carmen, do GD de Baleares:

> Eu comecei a chorar, inclusive uma vez fui ao diretor pedagógico e disse para ele: "Não quero ser indiscreta, mas muitas vezes penso qual função tenho nessa instituição de ensino". E ele me disse: "É assim mesmo". [...]. E, à tarde, vou à outra instituição onde tudo é diferente, são muito mente aberta, fizemos muitos projetos....

Nesse sentido, Alan Watson e Neville Hatton (2002) afirmam que o estilo de liderança da direção de uma instituição tem um forte efeito na disposição do corpo docente de participar e se sentir integrado e comprometido com ela.

O compromisso com a aprendizagem profissional

Um aspecto relevante do compromisso está no próprio desenvolvimento profissional e na aprendizagem (DAY, 2004; NIAS, 1981; WATSON; HATTON, 2002). Essa dimensão em particular é fundamental para a reformulação dos docentes como trabalhadores na chamada sociedade do conhecimento (SKILLBECK; CONNELL, 2004).

Jennifer Nias (1981) sugere que essa dimensão interpreta o compromisso como professores que constantemente melhoram seu próprio conhecimento e experiência. Outra perspectiva estabelece uma forte conexão entre o compromisso, a aprendizagem contínua e a capacidade permanente para refletir sobre a prática profissional (DAY, 2004).

A formação dos professores é um dos alicerces da profissão docente e, como sistema, apresenta múltiplas características.[2] O início da docência pode ser solitário – o próprio profissional busca suas estratégias e modos de desenvolvimento com base na responsabilidade e no compromisso. Sabemos que parte da formação permanente é obrigatória, mas pudemos observar, em nossa pesquisa, que existem diversas estratégias para a aprendizagem dos professores, assim como a necessidade e o estado pessoal que levam a decidir sobre as diferentes modalidades de formação praticadas. Em seguida, destacaremos os temas mais relevantes nesse aspecto.

Se você é um bom professor, compartilhe. Com essa afirmação, Saioa, do GD do País Basco, nos convidou a pensar sobre o aprendizado docente colaborativo, baseado na troca de experiências e de conhecimento com os colegas. Os professores jovens são os primeiros que desejam aprender com os mais experientes e, em geral, valorizam o fato de aprender, também, com as experiências entre iguais. O diálogo com os colegas ajuda os professores iniciantes a superarem problemas pontuais em sala de aula. É a partir disso

---

2 Ver Capítulos 3 e 8.

que a ideia de continuar aprendendo com a experiência se transforma em práxis, em reflexão crítica, que implica aprender e desenvolver a sensação de pertencimento por *estar em uma comunidade educativa*, como aponta Elvira, da Comunidade de Madri. Essa modalidade se apresenta em diferentes formatos e se caracteriza por um elevado grau de autonomia. Em alguns casos, chegam a ser formalizados grupos de professores de diversas instituições de ensino, que compartilham suas experiências e propõem inovações em diferentes âmbitos educativos. O trabalho colaborativo é considerado uma verdadeira fonte de aprendizagem e é sobremaneira valorizada pelos professores, como comenta Amaia (GD do País Basco):

> O professor que tem 25 anos de experiência [...] Se realmente é professor e quer que os mais novos sejam bons professores, não deveria se importar nem um pouco em compartilhar tudo que sabe.

No entanto, como se evidencia no Capítulo 2, não é difícil encontrar professores que apostam em mestrado e doutorado. Esse tipo de formação costuma apresentar um bom nível de satisfação e resultados importantes para os que a seguem. Na maioria dos casos, a conexão com a realidade profissional é elevada, e participar nesses estudos pressupõe uma mudança real na ação docente. Nesse sentido, Sara, do GD de Baleares, afirma:

> O bom da nossa pós-graduação é que fizemos a formação, o que nos deu recursos e teoria, mas, principalmente, recursos, que pudemos aplicar diretamente.

A relevância desse tipo de formação é indiscutível, principalmente porque os professores estão exercendo a docência e podem aplicar os conhecimentos que vão adquirindo ao seu contexto. Além disso, ela marca a principal diferença em relação à formação universitária inicial, momento em que esses mesmos professores não começaram a atividade profissional, vivendo certa desconexão entre os conhecimentos e a prática. Assim, María, do GD da Catalunha, reflete sobre como se aprende nesse tipo de formação:

> Esses seminários ou grupos de trabalho são importantíssimos, pois dão reconhecimento, dão valor a nosso trabalho, porque, caso contrário, muitas vezes, nós, os professores, ficamos no nosso mundinho e não nos inteiramos de mais nada.

A alternativa mais tradicional está relacionada com os cursos de formação explorados no Capítulo 8. Essa modalidade apresenta a proposta oficial, vertical, por parte da administração, e, também, uma perspectiva mais individual no que se trata de cursos externos. É possível vincular as necessidades pessoais do professor e da instituição de ensino em relação a um determinado problema de ensino ou a um desejo individual de continuar aprendendo e aprofundando seus conhecimentos. Os professores consideram referências de boa formação permanente aquelas realizadas em escolas de verão ou em movimentos de renovação pedagógica. Além da motivação pessoal para a aprendizagem, cabe destacar que esse tipo de formação, às vezes, é apresentado como obrigatório, dependendo do tipo de instituição, e é necessário para a avaliação e para a promoção dos professores. Cristina, do GD da Catalunha, avalia sua instituição muito positivamente:

> Eu fiz cursos no CRP[3] sobre Matemática, sobre Artes, e digo: "Ah! Quero aprender isso e levar para meus alunos". Talvez também tenha cursos mais teóricos, mas, no fim das contas, fazemos por pontos, e não levamos para a prática.

EM FRENTE AO ESPELHO DO RECONHECIMENTO: PERCEPÇÕES

Hargreaves (2003, p. 1) afirma que

> O ensino é uma profissão paradoxal. De todos os trabalhos que são ou aspiram ser profissões, espera-se que apenas o do ensino crie as habilidades humanas e as capacidades que permitirão que os indivíduos e as organizações sobrevivam e tenham êxito na sociedade do conhecimento de hoje. Espera-se que os professores, mais do que ninguém, construam comunidades de aprendizagem, criem a sociedade do conhecimento e desenvolvam as capacidades para a inovação, a flexibilidade e o compromisso com a mudança, essenciais para a prosperidade econômica. Ao mesmo tempo, espera-se que os professores atenuem e equilibrem muitos dos imensos problemas que essa sociedade cria, tais como o consumismo, a perda do senso de comunidade e o aumento da distância entre os ricos e os pobres. De alguma maneira, eles

---
3 Centro de Recursos Pedagógicos.

devem tentar alcançar essas aparentemente contraditórias metas de forma simultânea. Esse é o seu paradoxo profissional.

Conforme Antonio Bolívar et al. (2005), a construção da identidade profissional também tem uma referência na imagem social de professores e professoras. Para esses autores, a percepção, as expectativas e as realidades, os estereótipos e as condições de trabalho contribuem para a configuração da própria imagem social. Tanto é que uma parte da construção dessa identidade depende da valorização social percebida, que opera a modo de interpelação. O sentimento de perda da estima e do reconhecimento social pode afetar as bases da identidade profissional e reduzir os vínculos entre os membros da profissão e a sua sensação de pertencimento a ela.

A profissão docente está carregada de sutilezas além do compromisso pessoal ou em ação, e muitas dessas sutilezas interferem na manutenção do compromisso e da motivação. Álvaro Marchesi e Tamara Díaz (2007), por exemplo, afirmam que o sentimento que mais satisfaz os docentes em seu trabalho é o de serem reconhecidos como bons professores e, depois de alguns anos de docência, dão importância ao fato de serem considerados pessoas íntegras. Assim, diante dos diversos compromissos que adotam, a percepção do reconhecimento representa um papel relevante na construção da identidade docente.

Nesse sentido, Christopher Day (2007) refere-se a certa *vulnerabilidade* diante do julgamento dos colegas, do diretor e dos indivíduos que estão fora da escola, como, por exemplo, as famílias, os inspetores, os meios de comunicação, que podem se basear exclusivamente na realização dos alunos, medida por meio de provas padronizadas. Entretanto, Xavier Bonal (2007, p. 33) afirma que

> Estamos em uma realidade complexa, que tende a ser reduzida a um conjunto de sentenças estereotipadas que, na base da repetição, acabam sendo valorizadas pela opinião pública e pelos agentes sociais que participam das relações educativas.

Os professores iniciantes vivem fortemente as percepções sobre a valorização do seu trabalho, tanto as positivas quanto as que criam certa sensação de vulnerabilidade diante de outros agentes educativos, instituições e administrações e as que são percebidas no senso comum e nos estereótipos sociais.

O reconhecimento mais direto que vivem os professores está na própria instituição, nos colegas de trabalhos e nas famílias. M. José, do GD de Andaluzia, afirma: "A verdade é que me sinto querida, porque reconhecem meu trabalho, e isso é muito importante". O reconhecimento positivo fortalece o desenvolvimento profissional dos professores e, no caso dos iniciantes, configura-se como muito importante para a aprendizagem profissional.

Entre os elementos externos à instituição de ensino que são percebidos como parte do reconhecimento estão as famílias, a opinião pública e as vivências relacionadas com as condições de trabalho que seriam atribuídas às políticas e às administrações públicas. Possivelmente, o primeiro tópico é o que destaca María, do GD de Cantábria, ao falar de opinião pública:

> Quando há alguma manifestação ou concentração, as pessoas dizem "Ah, do que eles estão reclamando, com o que recebem, com as férias que têm?". Eu acho que tem gente que só vê [a profissão] como férias e salário, não vê nada mais. É verdade que se ouve comentários desse tipo, mas não é tão comum ouvir comentários sobre a educação como sendo o pilar básico da estrutura de um país.

Alberto, do GD de Castilla y León, manifestava essa sensação diante dos meios de comunicação e das famílias, além de uma certa desautorização:

> Sim, inclusive podem perseguir os professores com tudo que está ocorrendo e todos os meios de comunicação desprestigiando a profissão, com algumas declarações de políticos. O professor deve ser, de uma vez por todas, uma autoridade pública, como é um policial ou um médico. Nesse sentido, acredito que se perdeu muito respeito em relação à profissão.

A maioria dos docentes concorda ao considerar que existe certo desconhecimento ou falta de comunicação entre seu trabalho e a sociedade, como continua María, do GD de Cantábria: "Eles não diriam que você tem 25 crianças em uma sala de aula, que atende todos ao mesmo tempo, mas são todos diferentes. Isso não se vê, isso não é valorizado".

Outro elemento relevante são as condições de trabalho hostis[4] que afetam a construção da identidade docente e que são vividas pelos professo-

---

4 Ver Capítulo 7.

res como essa falta de reconhecimento pelo seu trabalho. Essas condições, como o caráter itinerante, a mudança de instituições, a falta de estabilidade profissional vivida principalmente nos primeiros anos de desenvolvimento profissional, determinam também uma baixa percepção de reconhecimento, como afirma Susana, do GD de Castilla y León:

> As condições não são boas, você tem que ter disponibilidade pessoal, geográfica, econômica e, no fim, está trabalhando para não ganhar nada. Você tem que mergulhar às cegas e confiar no que gosta de fazer, trabalhando para as crianças, os adultos de amanhã. Esse é o único incentivo que tem, porque, como estão as coisas, não há reconhecimento. Temos muito pouco reconhecimento social, acredito que somos totalmente desvalorizados.

No próprio seio da profissão docente, surge outro aspecto de caráter mais residual – que só apareceu pontualmente no grupo de discussão de Castilla y León – fazendo referência à percepção de alguns professores acerca da diferença de reconhecimento entre profissionais de ensino fundamental e médio. Essa diferenciação ocorre especialmente no contexto dos indivíduos que se formaram anteriormente à consolidação dos cursos atuais, quando, para ser professor de ensino fundamental, era necessário um curso de três anos, enquanto, para ensino médio, uma licenciatura:

> Eu tenho a sensação de que os professores de ensino médio se sentem superiores, *lacrème de lacrème*. Os que fizeram licenciatura são os melhores de todos, os professores de ensino fundamental são professorzinhos. Eu digo isso porque, estando em uma escola privada que também recebe alunos do sistema público (cujas vagas são pagas pelo Estado), vejo, estamos todos juntos: infantil, fundamental, médio, e médio é um mundo à parte. Eles sentem isso, inflam o peito e te olham com desprezo (Alberto, GD de Castilla y León).

De todos os paradoxos existentes, possivelmente destaca-se o fato de que a autopercepção do baixo reconhecimento social se encontra com o elevado compromisso social exigido. E, em contrapartida, como mostra a última pesquisa do Centro de Pesquisas Sociológicas (CIS), em fevereiro de 2013, na Espanha, a profissão de professor de ensino fundamental (74,70%) é a mais bem avaliada após a de médico (81,58%) e a de professor universitário (75,16%) (CENTRO DE INVESTIGACIONES SOCIOLÓGICAS,

2013). Essa alta consideração entra em contraste com a percepção de baixo reconhecimento social por parte dos professores envolvidos na pesquisa.

As modalidades de *compromisso em ação* – determinadas anteriormente como compromisso com a infância, com as instituições escolares e com o aprendizado e o próprio desenvolvimento profissional – não mantêm uma proporcionalidade com o reconhecimento que, do ponto de vista dos professores, deveria ter seu trabalho. Essa percepção, ao mesmo tempo, é dinâmica e se modifica e se torna mais complexa durante o desenvolvimento da profissão, ainda que, muito provavelmente, esses primeiros anos de experiência sejam especialmente relevantes, quando o professor iniciante está buscando referências e respostas a muitas de suas perguntas.

CONSIDERAÇÕES FINAIS

Diferentemente de outras profissões, a escolha de ser professor é muito determinada por elementos pessoais e subjetivos, biográficos e coletivos e, principalmente, por um senso de compromisso que se mantém e se modifica durante o exercício da profissão e que, além das políticas educativas, continua sendo a base para o desenvolvimento e o aperfeiçoamento profissional.

Duas grandes dimensões são distinguidas na concepção do compromisso: o "pessoal e o "em ação", que se unem pelo compromisso ideológico e social. Em geral, os professores iniciantes estão muito interessados no próprio desenvolvimento profissional, mas nada nos permite afirmar que os mais comprometidos estejam mais interessados na formação permanente. Além disso, esses professores nos fazem refletir acerca de um conceito de compromisso multidimensional, que não seja redutível unicamente a uma atividade. Justamente essa complexidade é o que faz com que os próprios professores experimentem diversas estratégias para o desenvolvimento profissional e pessoal; algumas relacionadas com a formação permanente, outras vinculadas a modalidades alternativas e de aprendizagem colaborativa, muito ligadas à ideia de que se comprometer é também aprender com os colegas, apaixonar-se pelo trabalho e investir tempo pessoal nas tarefas relacionadas a ele. No mesmo sentido, segundo Christopher Day e Qing Gu (2012), podemos refletir sobre o impacto inverso do reconhecimento no compromisso, considerando que, para muitos professores iniciantes, é um elemento que interfere na manutenção e no desenvolvimento do seu compromisso pessoal e profissional, no seu bem-estar emocional e na construção da sua identidade docente.

Possivelmente, o aspecto mais intimamente vinculado ao objetivo deste texto está relacionado ao compromisso dos docentes com seu desenvolvimento profissional. Vislumbrar a complexidade que os professores iniciantes enfrentam em seus primeiros anos de exercício profissional, assim como a importância de sua bagagem biográfica, nem sempre se baseia nos processos formativos e nas práticas institucionais, mas, ainda assim, constitui um elemento revelador. Com nosso estudo, destacamos como elemento relevante a íntima relação existente entre o compromisso dos professores com sua aprendizagem contínua, com sua formação permanente e com seu desenvolvimento profissional. No entanto, as diversas dimensões do compromisso se modificam durante o exercício profissional e são fundamentais para um bom fazer docente.

RECOMENDAÇÕES E SUGESTÕES

A percepção e a vivência do compromisso docente são multidimensionais e complexas. Elas estão inter-relacionadas com conceitos afins, como a satisfação, a ideologia, a autopercepção, o pertencimento a um projeto ou a uma instituição, as condições de trabalho ou, até mesmo, a etapa concreta da vida profissional; por isso, variam ao longo dela. O compromisso revela-se como um elemento fundamental para a realização do trabalho docente, para o bem-estar profissional e para o desenvolvimento da aprendizagem e da formação. Contudo, a percepção dos docentes é de um baixo reconhecimento social, contrastante com o que aparece em alguns levantamentos. As recomendações e sugestões que podemos tirar deste capítulo estão situadas em três âmbitos:

- Dos próprios docentes:
    - Buscar espaços de aprendizagem colaborativos para o desenvolvimento profissional.
    - Buscar o equilíbrio entre os valores pessoais e a ação docente.

- Buscar maneiras de explicitar o trabalho docente a todos os agentes educativos para atenuar os efeitos da percepção de baixo reconhecimento.
- Evidenciar as condições de trabalho em contextos organizativos por meio de espaços e comunicação.
- Refletir acerca do senso do compromisso educativo além do reconhecimento social.

• Das escolas:
  - Buscar a lógica do compromisso antes da lógica do controle na relação entre instituições e docentes.
  - Estimular a sensação de pertencimento dos professores iniciantes nas instituições.
  - Compartilhar os objetivos institucionais por meio da melhora da participação dos docentes nas instituições de ensino.
  - Estimular os grupos de trabalho e melhorar a comunicação para identificar situações em que um docente pode se sentir não reconhecido.
  - Escutar o corpo docente iniciante e colaborar em seu processo de desenvolvimento profissional.
  - Estimular o trabalho em equipe e os grupos de inovação e aperfeiçoamento docente.
  - Trabalhar para estimular a relação escola-sociedade.

• Da universidade:
  - Trabalhar ativamente a reflexão acerca do compromisso e o reconhecimento da profissão docente.
  - Estimular a dimensão do compromisso social e ideológico como base para equilibrar o compromisso pessoal e o compromisso em ação.
  - Estimular as estratégias necessárias para o desenvolvimento pessoal e profissional por meio da aprendizagem colaborativa.

REFERÊNCIAS

BALL, S. J. *La micropolítica de la escuela*. Madri: Paidós, 1989.

BOLÍVAR, A. La lógica del compromiso del profesorado y la responsabilidad del centro escolar: una revisión actual. *Revista Iberoamericana sobre Calidad, Eficacia y Cambio en Educación*, v. 8, n. 2, 2010. Disponível em: <http://www.rinace.net/reice/numeros/arts/vol-8num2/art1_htm.htm>. Acesso em: 01 fev. 2014.

BOLÍVAR, A. et al. Políticas educativas de reforma e identidades profesionales: el caso de la educación secundaria en España. *Archivos Analíticos de Políticas Educativas*, v. 13, n. 45, 2005. Disponível em: <http://epaa.asu.edu/ojs/article/download/150/276>. Acesso em: 06 abr. 2013.

BONAL, X. Femení i plural: les diferents geografies entre famílies i escola. In: GARRETA, J. (Ed.). *La relación familia-escuela*. Lleida: Universitat de Lleida, 2007. p. 33-44.

CARBONNEAU, N. et al. The role of passion for teaching in intrapersonal and interpersonal outcomes. *Journal of Educational Psychology*, v. 100, n. 4, p. 977-987, 2008.

CENTRO DE INVESTIGACIONES SOCIOLÓGICAS. *Barómetro de Febrero*: avance de resultados. Madrid: CIS, 2013. Disponível em: <http://datos.cis.es/pdf/Es2978mar_A.pdf>. Acesso em: 14 abr. 2016.

CROSSWELL, L. *Understanding teacher commitment in times of change*. 2006. Tesis Doctoral (Education)–Queensland University of Tecnology, Brisbane, 2006. Disponível em: <http://eprints.qut.edu.au/16238/>. Acesso em: 03 fev. 2014.

DAY, C. Committed for life? Variations in teachers' work, lives and effectiveness. *Journal Educational Change*, v. 9, n. 243-260, 2007.

DAY, C. *International handbook on the continuing professional development of teachers*. Maidenhead: Open University, 2004.

DAY, C. *Pasión por enseñar*. Madrid: Narcea, 2006.

DAY, C.; GU, Q. *Profesores*: vidas nuevas, verdades antiguas. Una influencia decisiva en la vida de los alumnos. Madrid: Narcea, 2012.

DECI, E. L.; RYAN, R. M. The "what" and the "why" of goal pursuits: human needs and the self-determination of behavior. *Psychological Inquiry*, v. 11, n. 4, p. 227-239, 2000.

EIRÍN NEMIÑA, R.; GARCÍA RUSO, H. M.; MONTERO MESA, L. Desarrollo profesional y profesionalización docente. Perspectivas y problemas. *Profesorado. Revista de Currículum y Formación del Profesorado*, v. 13, n. 2, p. 1-13, 2009.

FIRESTONE, W. A.; ROSENBLUM, S. Building commitment in urban high schools. *Educational Evaluation and Policy Analysis*, v. 10, p. 285-299, 1988.

GIROUX, H. *Los profesores como intelectuales*. Barcelona: Paidós, 1990.

HARGREAVES, A. *Profesorado, cultura y postmodernidad*. Madrid: Morata, 1996.

HARGREAVES, A. *Teaching in the knowledge society*. Maidenhead: Open University, 2003.

KUSHMAN, J. W. The organizational dynamics of teacher work place commitment: a study of urban elementary middle schools. *Educational Administration Quarterly*, v. 28, n. 1, p. 5-42, 1992.

MARCHESI, Á.; DÍAZ, T. *Las emociones y los valores del profesorado*. Madrid: Fundación Santa María, 2007.

MEYER, J. P.; ALLEN, J. N. A three component conceptualization of organizational commitment. *Human Resource Management Review*, v. 1, n. 1, p. 61-98, 1991.

NIAS, J. J. Commitment and motivation in primary schoolteachers. *Educational Review*, v. 33, n. 3, p. 181-190, 1981.

NIAS, J. J. *Primary teachers talking*: a study of teaching as work. London: Routledge, 1989.

SÁNCHEZ LISSEN, E. Dos caras de la carrera docente: satisfacción y desmotivación. *Revista Interuniversitaria de Pedagogía Social*, v. 16, p. 135-148, 2009.

SKILLBECK, M.; CONNELL, H. *Teachers for the future*: the changing nature of society and related issues for the teaching workforce. Canberra: Teaching Quality and Educational Leadership Task Force; Ministerial Council for Education Employment Training and Youth Affairs, 2004.

SUN, J. Understanding the impact of perceived principal leadership style on teacher commitment. *International Studies in Educational Administration*, v. 32, n. 2, p. 18-31, 2004.

WATSON, A.; HATTON, N. *Teachers in mid-career*: professional perceptions and preferences. Sydney: New South Wales Teachers' Federation; Federation of the Parents and Citizens Associations of New South Wales, 2002.

YOUNG, R. *Teoría crítica de la educación y discurso en el aula*. Madrid: Paid, 1993.

LEITURAS RECOMENDADAS

FIRESTONE, W. A.; PENNELL, J. R. Teacher commitment, working conditions, and differential incentive policies. *Review of Educational Research*, v. 63, n. 4, p. 489-525, 1993.

MARTINEZ BONAFÉ, J. Arqueología del concepto "compromiso social" en el discurso pedagógico y de formación docente. *Revista Electrónica de Investigación Educativa*, v. 3, n. 1, p. 78-105, 2000.

VALLERAND, R. J.; HOULFORT, N. Passion at work: toward a new conceptualization. In: SKARLICKI, D.; GILLILAND, S.; STEINER, D. (Ed.). *Social issues in management*. Greenwich: Information Age, 2003. p. 175-204.

ZEICHNER, K. M. *La formación del profesorado y la lucha por la justicia social*. Madrid: Morata, 2010.

7

A construção da subjetividade (docente) em um contexto pós-fordista: trabalho imaterial e precariedade

Verónica Larraín Pfingsthorn
Judit Vidiella Pagès

Resumo

O objetivo deste capítulo é contribuir para o debate sobre como a identidade docente, entendida como categoria profissional, precisa ser revisada a partir de algumas concepções que levem em conta a economia global e as transformações atuais do trabalho. Sob esse prisma, a formação da identidade docente é paradoxal, posto que implica uma tensão entre o próprio interesse de (se) formar, ou de servir a todos os demais, e a subjugação a condições, muitas vezes, de pouco reconhecimento social, falta de estabilidade, (auto)exploração, estresse, etc. Para repensar todas essas questões, são retomadas diferentes análises e posicionamentos do grupo de professoras e professores que participou nesta pesquisa e que nos contou como suas condições laborais estão reconfigurando a noção de profissionalismo e o que significa ser docente.

POR QUE FALAMOS SOBRE ESSE TEMA?

A primeira pergunta reflexiva que nos fizemos antes de começar este capítulo foi "o que entendemos por construção de identidade docente?". A noção mais abrangente sobre identidade é definida como única e inerente, fruto de um projeto voluntário (GIDDENS, 1995) e interno por parte do sujeito que, ao longo do tempo, vai evoluindo, crescendo, etc. Em contrapartida, outros posicionamentos afirmam que "[...] a construção da identidade é produzida mediante processos de interpelação social que nos convidam a ocupar [...]" uma série de discursos e posições hegemônicas de sujeito (BUTLER, 2004). Essa última perspectiva é explorada pelas feministas pós-estruturalistas e pós-coloniais, que analisam como os discursos e as posições de identidade (nesse caso, de identidade docente) são repetidos/projetados pelos sujeitos por meio de repetições e ficções culturais. Essas afirmações apresentam a polarização do sujeito, que se choca com as pressuposições de uma identidade fixa, unificada, estável e homogênea, e prestam atenção no local, parcial e múltiplo, assim como na redefinição da subjetividade a partir da análise dos mecanismos de poder (VALLS, 2003).

Acreditamos que há designações culturais que regulam essa identidade, como, por exemplo, as concepções do docente como reprodutor de conhecimento, como modelo das regras e da autoridade; as construções sociais vinculadas a categorias de *status*, como iniciante ou experiente, que partem de noções patriarcais e capitalistas sobre a experiência como acúmulo de méritos, saber e autoridade ao longo do tempo; e os agentes de autorização, como as administrações, a instituição escolar ou as famílias, fundamentais nessa repetição do que se considera uma identidade docente legível ou inteligível, quer dizer, possível em cada contexto em particular. Um dos elementos fundamentais na construção da identidade profissional docente envolve o aprendizado e a assimilação de uma cultura de trabalho, que utiliza um determinado tipo de linguagem e discurso que legitima sua prática. Dentro do discurso e da prática, encontramos determinadas condições de trabalho afetivo e imaterial, às vezes precário e instável, em um contexto politicamente carregado. Acreditamos que essas categorias identitárias profissionais devem ser revisadas em meio aos novos contextos neoliberais e pós-fordistas, em que os imaginários e as lógicas dualistas mudaram radicalmente, diluindo as fronteiras entre trabalho produtivo (fábrica, escritório, escola, etc.) e espaço reprodutivo (casa, rua, lazer). Nesse novo imaginário de produção, algumas formas de trabalho ainda são difíceis de reconhecer, como os cuidados e a reprodução, que continuam sendo feminizados e precarizados (PRECARIAS A LA DERIVA, 2004).

Revisar as condições de trabalho e as formas de produção de um grupo específico a partir dos sistemas de produção do pós-fordismo não é algo novo, nem sequer no campo da educação, visto que, já no início dos anos 1990, isso começou a ser realizado no âmbito educativo e ainda permanece vigente (MCGEE; GREEN, 2008). As áreas em que mais se utilizou essa perspectiva para a análise foram no contexto da educação de indivíduos adultos e da educação a distância (BREHONY; DEEM, 2005). Na realidade, foi a partir da década de 1980, quando um grupo de sociólogos começou a falar sobre a especialização flexível como característica própria de um sistema pós-fordista de produção, que caracterizava o setor industrial italiano (PIORE; SABEL, 1990). Ao longo das décadas seguintes, começou a ser reproduzida, de maneira um tanto dicotômica, a ideia de que um sistema fordista que representava a rigidez era antagonizado por outro, mais flexível, o pós-fordista.

O primeiro deve seu nome ao sistema de produção baseado em linhas de montagem que eram utilizadas nas fábricas de automóveis de Henry Ford, que propunha uma única estrutura em linha para produzir bens em série. O fordismo se caracteriza pela busca de padronização, pela realização de tarefas especializadas repetitivas, pela ênfase no mercado nacional, pela automatização dos processos, pelos salários fixos, pelo trabalho para a vida toda e o sindicalismo. O pós-fordismo, em contrapartida, tem uma estrutura de produção baseada na variedade, quer dizer, busca produzir diferentes tipos de bens destinados a satisfazer diversos grupos de consumidores. A partir dessa perspectiva, seria fundamental encontrar um sistema de trabalho flexível que corresponda aos caprichos do mercado com eficácia. A origem do pós-fordismo é atribuída à crise do petróleo, aos efeitos da fragmentação da demanda, à saturação do mercado nacional e ao aumento do custo do trabalho, entre outros. O pós-fordismo é caracterizado pela flexibilidade do sistema produtivo e do mercado de trabalho, pela ênfase nos tipos de consumidor, pela produção de novas tecnologias, pela ausência de um local fixo, pela temporalidade, pela subcontratação e pelo trabalho imaterial e afetivo.

Quando se começou a falar de flexibilidade laboral, relacionou-se o pós-fordismo com a desregulação do mercado de trabalho, consistente com o aumento da jornada de trabalho, a sua difusão territorial e a suspensão ou modificação das convenções coletivas e dos acordos que afetam o trabalhador. O consumo é, principalmente, de informação. Os indivíduos já não se limitam a consumir um produto (ou a destruí-lo no ato de consumo); pelo contrário, o consumo deve produzir as condições para novas produções. Como sabemos, a educação sempre esteve estreitamente ligada à função de formar e produzir futura mão de obra, como bem ilustra a animação do teórico Ken Robinson, Changing Education Paradigms (RSA, 2010).

A segunda pergunta reflexiva que nos fizemos foi "O que esse tema tem a ver conosco?". Nós duas tivemos uma longa trajetória no ensino superior. Verónica foi professora de Artes de ensino fundamental e médio, no Chile, e, em seguida, ocupou diversos cargos na Universidade de Barcelona (administrativo, bolsista, pesquisadora e professora adjunta). Atualmente, é educadora e pesquisadora independente. Para Judit, 12 anos na mesma instituição, a Universidade de Barcelona, não foram suficientes para consolidar um perfil profissional, pois teve de emigrar – sem muita vontade – para Portugal, em busca de condições de trabalho mais dignas. Nós duas temos uma história parecida na mesma instituição: começamos o mesmo programa de doutorado, depois obtivemos bolsas de pesquisa e docência, concluímos o doutorado e continuamos a carreira acadêmica com contratos de professoras adjuntas, até que, com a crise e os cortes de verbas, a sensação era a de que sobravam professores nas universidades ou que começavam a se sentir incomodados pela figura precária dos adjuntos.

O imaginário social da academia está muito distante de sua realidade. O prestígio, a admiração dos demais pelo esforço e por chegar lá, o capital cultural acumulado, tudo isso se confronta com a pressão contínua de não saber o suficiente ou de não trabalhar o suficiente. Escrever no mínimo dois artigos de impacto a cada ano em revistas indexadas dominadas por um contexto anglo-saxônico é, em geral, uma missão quase impossível! Concatenar contratos temporários durante mais de 12 anos na mesma instituição, quando o limite legal é de 30 meses; ter um contrato de professora adjunta (de 560 ou, às vezes, 360 euros brutos) que permite somente dar aulas, quando, na realidade, há um grande volume de falsos adjuntos, quer dizer, que estão cobrindo um trabalho estrutural em vez de fazer carreira acadêmica – orientando teses, pesquisando, coordenando mestrados, quando isso é ilegal; além disso, tudo que se faz de extra não conta no nosso Plano de Dedicação Acadêmica, ainda que nosso trabalho ajude a aumentar o prestígio da universidade e seu discurso de excelência. Temos amigas que, com 40 ou 42 anos, estão desempregadas. Tanto faz, somos sujeitos substituíveis. Preferem colocar alguém novo, que terá de começar do zero, a consolidar postos de trabalho, pois aquilo parece ser mais rentável.

Recomendamos o excelente documentário intitulado *Universidad S.A.*, fruto de um trabalho de pesquisa que dá visibilidade ao que estamos discutindo (UNIVERSIDAD S.A., c2016).[1] A universidade não é nenhuma exceção, e a educação pública está em perigo. As biografias dos educadores que participaram desta pesquisa relatam condições parecidas de falta de estabilidade, precariedade de vida e de trabalho, desorientação pessoal e mal-estar.

Continuamos, a seguir, fazendo uma análise das implicações dessas mudanças na vida das pessoas que colaboraram para a pesquisa: mudanças que afetam as representações sociais e os imaginários do que é ser docente; a formação dos professores e as condições de trabalho; as estratégias, ferramentas e habilidades do eu; e a construção da identidade pessoal e profissional, etc.

Na microetnografia de Juana M. e Xavi, contam que Xavi, um professor de ensino fundamental recém egresso da universidade, teve, finalmente, sua primeira entrevista de trabalho em uma escola privada de Barcelona.

> Sempre me lembrarei, porque saí da entrevista com uma sensação boa, mas agora te direi as falhas que cometi, pensando no perfil que procuravam. Em um momento, me disseram: "Você seria capaz de mudar seu sotaque do interior catalão para o da cidade de Barcelona?". Se tivesse sido um pouco mais inteligente, levando em conta o contexto, teria que ter dito "Sim, claro que sim".

---

1 Para mais informações ver https://www.facebook.com/universidadsadocu

IDENTIDADES EM CONFLITO

A cena relatada por Xavi pareceu uma boa maneira de começar a falar de como os processos de seleção estão indo além das empresas privadas. A nosso ver, a situação relatada envolvia algo mais complexo do que a flexibilidade comumente associada ao ensino e às profissões liberais, que se baseiam na aprendizagem ao longo de toda a vida, ou às capacidades e às competências intelectuais. Segundo nossa intuição, achávamos que se relacionava mais com uma maleabilidade de caráter, da identidade cultural e da corporeidade.

Nesta pesquisa, interessou-nos explorar o vínculo cada vez mais estreito entre a educação e a economia, basicamente porque os modelos econômicos vigentes no contexto global de expansão do neoliberalismo não somente estão transformando as instituições de ensino, com a privatização dos serviços públicos, mas também incorporando o gerencialismo, a burocracia, a competição e o controle. Essas práticas estão afetando os discursos pedagógicos e as condições de possibilidade de construção da identidade docente (WALKERDINE, 2000, p. 105). Nesse sentido, gostaríamos de trazer uma visão crítica que contribua para a desconstrução de uma série de mitos, como o imaginário do docente funcionário ou da feminização do cuidado na formação de um novo capital humano. Algumas condições foram transformadas em emblemas de um novo modelo social de êxito laboral e econômico que se relaciona com a quebra do imaginário docente, como a desarticulação, a falta de local fixo, a hiperflexibilidade, a falta de estabilidade, a indeterminação de funções, a (auto)exploração das experiências e emoções, a mobilidade extrema, a aprendizagem ao longo da vida e a falta de limites jurisdicionais, etc.

OS CUSTOS DO DESEMPENHO PROFISSIONAL

Até pouco tempo atrás, existia uma grande resistência da comunidade educativa – e da sociedade em geral – quando se tentava relacionar a economia global de mercado com a educação ou quando se faziam leituras da educação a partir de uma reflexão econômica. Aparentemente, a economia e a educação são dois conceitos cujas lógicas têm pouco em comum.

O imaginário do mundo educacional se articula em torno de valores, como a solidariedade, a vocação, o desinteresse, a justiça, a integração social ou a entrega. Em contrapartida, o imaginário da economia global de mercado opera seguindo a lógica da oferta e da procura, do lucro, do interesse privado, da alocação de recursos, da redução de custos, da maximização de lucro, da eficácia e otimização, etc. Essa resistência foi diminuindo devido à atual conjuntura social, política e econômica, caracterizada pelo forte desmantelamento da função social do Estado. Em nível local, a necessidade de reduzir o déficit público começou a prejudicar seriamente a prestação de serviços tão essenciais como a educação ou a saúde. A *economia na educação* parece estar na boca de todos os espanhóis, desde personalidades como Jan Figel, ex-embaixador europeu da Educação, até o cidadão que leva seus filhos todos os dias para a escola.

É interessante aplicar a lógica de mercado neoliberal à lógica de mercado aparentemente atemporal e quase imutável da educação, principalmente nesses momentos de incerteza. São duas lógicas de produção que se combinam. Por um lado, encontramos o modelo fordista aplicável à escola, como se se tratasse de uma fábrica que produz bens em série, caracterizado por uma unificação do saber, a padronização universal, o modelo do século XIX, a produção em massa de alunos por meio de uma escala de normalidade e a suposta segurança do mesmo trabalho para toda a vida, assim como a padronização de critérios de avaliação. Por outro lado, há um contexto de escola pós-fordista mais próximo aos critérios de um mercado setorial que busca adaptar sua força laboral às condições de mercado por meio de um sistema de trabalho flexível. São critérios que, no contexto da educação pública, buscam o crescimento da produtividade e a redução de custos, assim como a competitividade e o discurso de *empreendedorismo*, contribuindo, assim, para a tão desejada estabilidade orçamentária que corrige o déficit público. No caso da Espanha, um exemplo claro são as medidas de contenção de gastos dos trabalhadores, incluídas no polêmico decreto-lei aprovado no dia 13 de julho de 2012, que explica que os funcionários públicos de licença – incluindo professores da educação pública – receberão somente a metade do salário nos três primeiros dias de afastamento. A partir do quarto dia até o vigésimo, perderão 25% do salário (ESPAÑA, 2012b).

As repercussões desse tipo de decisão nas condições de trabalho dos docentes e, por consequência, na qualidade do ensino e no bem-estar dos alunos são explicadas por um professor de Ensino Secundário Obrigatório (ESO) em uma carta ao jornal *El Período de Aragón*: "Nos últimos dias, dei aula de máscara. Assim continuarei na próxima semana. Pensei nisso, talvez, tarde demais. De manhã na escola, de tarde na cama, para ver se baixa minha febre".

Dentro da lógica pós-fordista, uma escola – independentemente de ser pública ou privada – é feita para produzir futuros trabalhadores multifacetados, autônomos, inovadores, criativos, adaptáveis e competentes, submetidos a um regime curricular e avaliativo ao mais puro estilo da especialização flexível, da sistematização de padrões e da burocratização da gestão. Desse modo, um trabalhador-aluno-docente pós-fordista é aquele responsável por sua aprendizagem, capaz de se adaptar rapidamente às mudanças e às tarefas demandadas; e de desenvolver novas atitudes otimizando suas capacidades, seu tempo e seus recursos e priorizando a especificidade e a especialização como marcas de diferenciação (JEFFREY; TROMAN, 2012).

Esse movimento a respeito da demanda de tarefas e da gestão de tempo apareceu de forma recorrente nos grupos de discussão como uma questão preocupante que se vive com ansiedade e estresse. María José, do GD de Andaluzia, comentou:

> Para mim, o tema burocrático da papelada [...] Desde a entrada até a saída, você tem que preencher 20 mil papéis para tudo. Para fazer um memorando, tem que passar por isso, por aquilo, devem dizer sim, que altere [...] tudo são papéis e cada vez existem mais e te exigem mais. Agora, quando saiu que vão aumentar o número de alunos por sala de aula, escutava as pessoas que não são da educação dizendo: "Bom, tínhamos 40 e não acontecia nada". E é como dizer: "Veja, tens 30 com dificuldade...". Sou completamente a favor da integração, mas não tenho ninguém. Você tem que atender 33 antes de ir embora, entrar na plataforma *on-line*, escrever e responder aos pais, fazer a programação de todos os dias, preencher documentos de não sei o quê. Então, desde a hora que entra até a hora que sai, não sobra um segundo. De manhã, não posso nem ir ao banheiro. Então te pedem mais e te dão menos materiais; agora, os cortes orçamentários...

FLEXIBILIDADE LABORAL: A QUEBRA DO MITO DA ESTABILIDADE

O trabalho para a vida toda é substituído por um emprego de turno parcial e temporário, entre outras formas de contratação. A importância que historicamente se deu ao emprego estável e protegido fica, assim, questionada, aumentando a tendência à precarização do emprego e do trabalhador. No início, a flexibilidade laboral não era relacionada com a desregulamentação do mercado de trabalho, mas, com o tempo, essa conexão foi se estabelecendo, assim como a situação de precariedade que consistia no aumento da jornada de trabalho, da dispersão territorial, da suspensão ou modificação das convenções coletivas e dos acordos que afetam o pessoal.

Embora seja certo que muitos professores de ensino fundamental vivem em uma submissão a diversas pressões – devido ao fato de a relação flexibilidade-precarização modificar as condições de trabalho por volume de tarefas –, assim como condições de contratação, as mudanças nos modos de produção não podem ser reduzidas simplesmente à ideia de produção flexível própria da produção material da indústria manufatureira. Acreditamos que essa modalidade pode ser entendida como uma maneira de ativar diferentes modos de produção imaterial em diferentes contextos e, por isso, diferentes formas de subjetividade. Essa condição também afeta as profissões criativas ligadas à indústria cultural e artística, como o *design*, a editoração, o cinema e a música, entre outras profissões. De fato, esses foram os primeiros setores de trabalho imaterial a partir dos quais começaram a explorar os efeitos produtivos da desregulamentação (ROWAN, 2010).

Em geral, os temas da flexibilidade e da precariedade laboral são pouco visíveis no contexto educativo, e os efeitos que produzem na construção da identidade docente são ainda mais difíceis de constatar. O imaginário de estabilidade de um trabalho para toda a vida que estava enraizado na profissão docente começou a ser desconstruído em todos os níveis educativos, modificando os mecanismos que, até pouco tempo atrás, informavam como ser e atuar no contexto escolar. Esse contexto, por si só, é altamente complexo devido a mudanças sociais, imigração, micropolíticas institucionais, reformas, etc. Porém, como se fosse um pesadelo que era melhor esquecer, essas desconstruções ainda tendem a desaparecer com os desejos mais otimistas de que as coisas voltem ao seu rumo natural, mais cedo ou mais tarde. Isso é o que alguns autores chamam de "a cultura da aspiração" (JEFFREY, TROMAN, 2012, p. 72).

No novo perfil do docente estão combinadas diferentes realidades. Por um lado, tende-se ao acúmulo de saberes, capacidades, extensas trajetórias de vida e de trabalho, muitas vezes pouco reconhecidas. Por outro lado, também existe uma forte sensação de vulnerabilidade, insegurança, culpabilidade e exploração. Quando estávamos nos grupos de discussão nas nove comunidades autônomas, falamos das condições de trabalho e não nos demos conta de que muitos comentários revelavam certo incômodo existencial. Vive-se com muita ansiedade em relação à contradição da atribuição de papéis, fruto da flexibilidade laboral, o que, por exemplo, leva os professores a ter um contrato de meio turno e a ser responsáveis por todas as matérias de uma turma ou assumir outras funções e tarefas para as quais não estão nem mesmo preparados, nem são de sua responsabilidade pelo contrato. Docentes temporários seriam como peças substituíveis em um quebra-cabeça despersonalizado. Nesse contexto frenético de flexibilidade e mobilidade, há alguns traços específicos sobre as novas formas de emprego que nos permitem repensar os efeitos na produção de subjetividade.

Em primeiro lugar, a *mobilidade*. Muitas professoras iniciantes falaram da disposição permanente para deslocamento geográfico, indo e vindo das escolas para seus locais de residência, mas também da mobilidade como disposição de trabalho, mudando de perfil contratual, o que lhes confere um rico capital cultural poucas vezes retribuído. Nesse sentido, Amaia, do País Basco, em quatro anos trabalhou em 18 escolas, e John, também do País Basco, em 10. Essa situação não diz respeito somente às professoras temporárias ou substitutas, pois, cada vez mais frequentemente, descobre-se que cerca de 50% do corpo de professores da Espanha conseguiram emprego fora do seu território (ESPAÑA, 2012a, 2012/2013).

Em segundo lugar, a *corporeidade*. A sensação de não pertencer a um lugar de trabalho gera estresse, culpa e insegurança. Além disso, o modelo de trabalho fundamentado na flexibilidade produz uma subjetividade baseada na entrega sem condições, na fabricação da submissão, na domesticação do trabalho e no adestramento do caráter. Assim, o corpo transforma-se em lugar e expressão de dominação, troca e exploração, como evidencia Fernando, GD de Castilla y León:

> O diretor me disse: "Acabe as aulas às 13h30. Você tem que deixar as crianças preparadas um pouco antes". Eu dou uma aula de Artes de meia hora no verão. Elas sobem da Educação Física às 13h. Quando chegam à sala de aula, são 13h05, e devem se preparar para ir embora. Quanto tempo de aula de Artes dou? 15 minutos.

Em terceiro lugar, está a *relação com os saberes*, a contínua exigência da aprendizagem ao longo da vida, as mudanças constantes na sociedade tecnológica e do conhecimento, junto com longos períodos sem trabalho que se saturam e recheiam com ainda mais formação, cursando mestrado ou doutorado. Isso tudo cria uma sensação ambivalente de estar altamente capacitado e de se sentir menos valorizado do que deveria, pensando que nunca é suficiente para encontrar um trabalho digno e contínuo no qual pode se desenvolver. Não é estranho, então, que 24% dos indivíduos que trabalham na área educativa cursem estudos de formação continuada. Essa porcentagem foi uma das mais altas no ano de 2011, entre todas as profissões em que são desenvolvidas atividades de formação permanente (ESPAÑA, 2012a).

Tudo isso está ligado à *rentabilidade* e à *precariedade*. A condição de temporalidade faz com que valores como o prestígio, os recursos, a conectividade, as oportunidades de projeção e os interesses pessoais sejam postergados. Cria-se uma internalização da disciplina dócil, que se baseia na (auto)exploração perversa em prol de ideais como a vocação, a autojustificação por desfrutar do próprio trabalho e o desejo e o prazer de ter escolhido esse caminho apesar da precariedade. Outra dificuldade que piora a precariedade é a de conciliar outros trabalhos ao depender das listas de substituições, já que, muitas vezes, não há tempo nem possibilidade de planejar as agendas de vida e de trabalho. "Eu diria que é uma situação estranha, pois você tem que estar disposto e não pode fazer muitas outras coisas. Não sei, é como se tivesse que ir, queira ou não." (Jon, GD do País Basco).

Por último, teríamos o *cuidado*, que se tornou parte da economia como uma forma de trabalho afetivo imaterial, que parece lógico dentro de um capitalismo emocional,[2] em que entregamos nossos afetos, corpos e desejos em troca de um salário, e "[...] os cuidados são comprados e vendidos em inúmeros formatos (por horas, tarefas ou atividades) [...]" (GIL, 2011, p. 234). Como forma de trabalho imaterial altamente feminizado, o cuidado do outro se vincula aos afetos e ao compromisso desinteressado e também comporta um somatório de conhecimentos técnicos e relacionais que criam contradições dolorosas na conjuntura de trabalhar para as pessoas e não se desgastar, algo que, como sabemos, são condições do trabalho das docentes. Porém, não há somente essa questão do cuidado dos alunos e das famílias, mas também a do cuidado próprio, de ter tempo para si e para as colegas de trabalho. Nesse sentido, muitos professores iniciantes comentaram sobre a falta de tempo para compartilhar e aprender uns com os outros.

As próximas seções partem das características que acabamos de apresentar.

A ECONOMIA DO TRABALHO CASEIRO

A feminista Donna Haraway (1991, p. 291) cunhou o termo "economia do trabalho caseiro" para explicar como, atualmente, as condições e características que organizavam o trabalho doméstico se ampliaram para qualquer forma de trabalho, "feminizando-o". Assim, os horários flexíveis do trabalho "doméstico" e a relação servil que comporta passam a ser uma qualidade do ofício.

---

2 Com uma visão psicanalítica, a socióloga Eva Illouz (2007) utiliza o conceito de capitalismo emocional para afirmar que todas as expressões emocionais, assim como seu desenvolvimento – a inteligência emocional, reconhecida por todos graças a Daniel Goleman (1996) – são derivadas em algum nível de competência emocional que tem um valor monetário, pois se transformam em um novo tipo de sociabilidade. Elas ajudam, entre outras coisas, a melhorar a vida no trabalho e em família, assim como as relações entre os indivíduos. O axioma do controle emocional e da gestão emocional, reafirmado nos discursos terapêuticos que estão na moda e nos livros de autoajuda, reflete, por um lado, a ganância e, por outro, a forma moderna de controle social nas escolas e empresas. Falando em um caso específico, esse é o quinto curso em que Eva trabalha como professora em uma escola pública de uma cidade no interior da Catalunha. Durante o primeiro ano, passou por mais de 30 instituições que deixavam uma sensação indelével de que "tomava conta de crianças", pois eram situações de trabalho curtas, em que ela não tinha tempo para se envolver. Nas palavras de Illouz (2007, p. 19-20), "[...] o capitalismo emocional é uma cultura em que as práticas e os discursos emocionais e econômicos se combinam mutuamente e produzem o que considero um amplo movimento, em que o afeto se transforma em um aspecto essencial do comportamento econômico e na vida emocional – principalmente, na classe média – seguindo a lógica da troca e das relações econômicas [...]".

Inmaculada, professora temporária do GD de Andaluzia, não é a única professora deste estudo que vive essa dissolução de fronteiras entre os tempos:

> No ano passado, estive a 120 quilômetros de distância, ia e voltava todos os dias, deixava o carro em uma pequena cidade na garagem da minha cunhada e viajava com minhas colegas; mas agora estou a 50 quilômetros. Então chega sexta-feira e você está exausta, não mentalmente, mas fisicamente, no carro. O carro me cansa, levantar todos os dias e saber que você tem que pegá-lo... além disso, o mau tempo, o inverno, as chuvas, a neve, as neblinas, ufa, é que você se levanta, olha e diz: "Olha só o tempo...", depois pega o carro, com a neblina, e volta de carro.

A maioria dos professores do estudo concorda que, com sua condição de iniciante, não pode reclamar quando é designado para uma escola. No ano de 2013, os conselhos do governo de diferentes comunidades autônomas deram luz verde ao decreto que aprovava a oferta de emprego público referente ao exercício de 2013 para funcionários de corpos docentes de ensino não universitário na administração pública regional. Em algumas comunidades, muitos desses empregos equivalem à taxa de reposição de cargos vagos que não foi coberta em 2012 ou 2013. As dez comunidades autônomas que convocaram professores para cargos no ensino fundamental até o mês de abril de 2013 ofereceram um total de 404 vagas para todo o país, o que faz com que, nos primeiros anos de exercício da prática docente, a experiência seja desenvolvida, em geral, em escolas privadas ou escolas que, mesmo privadas, também recebem alunos do sistema público (cujas vagas são pagas pelo Estado).

Se levarmos em conta que, na Espanha, de acordo com as estatísticas do curso 2010–2011 do Ministério da Educação, Cultura e Esporte, os docentes que trabalharam em instituições de ensino fundamental foram 233.882; que a faixa entre 30 e 40 anos ocupou mais de 54% das vagas (ESPAÑA, 2012a); que, atualmente, há uma taxa de desemprego altíssima entre os jovens de 16 a 30 anos (45,2%); que a maior parte dos empregados tem contratos temporários (55%) e um terço trabalha meio turno (IVIE, 2011); as poucas vagas preenchidas fazem pensar, por exemplo, que vêm para reforçar os novos modos de organização laboral que, consequentemente, provocam a desorganização da vida, o estresse, o cansaço e a produção ativa da submissão que se resume na repetida frase "bom, é o que se tem".

No caso das professoras que começam a entrar no sistema de trabalho, a mobilidade se transforma em um *sine qua non*: a mobilidade na organização do tempo, nas decisões de vida e nas formas de vida. Acaba-se pressupondo que a mobilidade e a disponibilidade sem restrições fazem parte da própria vida, incluindo a ambivalência da falta de raízes que a segurança e a continuidade dos processos seletivos produzem. Essa situação não se atém apenas às professoras temporárias, pois é cada vez mais frequente encontrar comunidades autônomas em que cerca de 50% do corpo docente conseguiu um emprego fora de seu território (ESPAÑA, 2012a).

A essa aceitação das condições de trabalho se misturam questões como as do compromisso e da ilusão, o tempo gasto em aprendizagem como docentes iniciantes e o tempo gasto com a profissionalização. Isso, muitas vezes, torna difícil colocar limites, assim como relata Elvira, do GD de Madri:

> Às vezes chego chorando e penso se é compatível ou não ter uma vida e estar em uma associação... Falo com pessoas de outros colégios e me dizem: "Cheguei em casa às 18h30 da tarde – há dias não fazia isso". Acho que é algo que temos que aprender como grupo: a cuidar desses tempos. É muito difícil medir como esse trabalho se mistura com o seu projeto de vida e, além disso, como se relaciona com sua militância pessoal, , porque está junto de um grupo de pessoas como você, e isso traz muita satisfação e construção coletiva; você aprende muito com os outros.

O CONHECIMENTO COMO MERCADORIA: EFICÁCIA E CONTROLE

O tipo de conhecimento especializado criado pelas profissões e os trabalhos vinculados com o cuidado e o afeto não são considerados válidos em um contexto de economia de mercado neoliberal, não sendo o resultado de um trabalho que crie um "produto acabado" (CANELLA; VIRURU, 2004, p. 24). No entanto, as pessoas que exercem esses trabalhos precisam se submeter aos processos e às formas de regulação que lhes são creditados como agentes competentes e legitimados da força de trabalho. No caso das professoras, isso se traduz em repetir mais de uma vez os processos seletivos, já que o capital cultural e imaterial de conhecimentos é altamente valorizado. Não é estranho, sob esse ponto de vista, que, como afirmamos, a porcentagem de pessoas ativas na área de educação que cursam estudos de formação continuada tenha sido o mais alto no ano de 2011, com 24%; em seguida, apareceram a área de saúde e os serviços sociais (ESPAÑA, 2012/2013).

Entretanto, é complicado avaliar se um trabalho afetivo foi bem feito em comparação com um produto acabado, independentemente do indivíduo que o produz (um carro, um iogurte, um eletrodoméstico, etc.). Porém, além da valorização da eficácia do trabalho afetivo, está a questão de normalizar a educação. As políticas sociais e educativas estão instaurando uma linguagem baseada na eficácia, no rendimento e na otimização, com objetivo de aprimorar o *status* econômico e o bem-estar dos países com base em um modelo de mercado. Essa linguagem da eficiência é tratada como neutra, enquanto, na realidade, é regida por uma série de interesses hegemônicos às custas da perda da autonomia, da criatividade, da experimentação e da capacidade de decisão. Esse vocabulário envolve outro modo de denominar e configurar a profissão, que é incorporado de forma dócil e submissa.

O modelo de mercado preza pelo controle e pela comparação do trabalho (individual e grupal) como medidas de produtividade. O terreno educativo serve para aumentar os padrões das escolas e os níveis educativos da população, com a intenção de preparar mão de obra altamente qualificada que possa ser competitiva na indústria global, que se baseia na economia do conhecimento. Esse modelo opera mediante um sistema de avaliação, classificação e controle das escolas e das tarefas docentes, criando todo um sistema gerencialista, além de uma retórica baseada em competências, objetivos e relatórios, que consome muito do tempo e da energia dos professores.

Essa cultura da competitividade acaba (auto)regulando a própria prática e a dos demais por meio de parâmetros oficiais sobre o que é considerado ser um bom docente, mas também a concorrência entre as instituições para atrair famílias. Alberto, do GD de Castilla y León, afirma: "Certamente não quero ser o professor que sou hoje; pois tenho a sensação de que estou sendo o professor que querem que eu seja: produtivo, eficaz e em benefício de uma empresa". No caso dos professores iniciantes, essa regulação é ainda maior, por serem, muitas vezes, acompanhados ou supervisionados por outros docentes durante os primeiros dias nas instituições, como comentava Emma (GD da Catalunha):

> Nas escolas privadas que também recebem alunos do sistema público (cujas vagas são pagas pelo Estado), eles fazem você apresentar todo o programa. Você o apresenta, eles comentam e, se acham que não foi bem, terá que refazê-lo.

Dentro dessa lógica capitalista, tudo pode ser medido e avaliado – os códigos de conduta, as especificações dos programas de estudo, os sistemas de avaliação, as relações com os estudantes e as famílias, a pressão constante para fazer cursos de formação e participar da cultura da instituição (o que acaba se tornando uma mercantilização da prática). Assim, surge um novo vocabulário como currículo oculto: dar responsabilidade com pouca autonomia, conformidade, disciplina, protocolos, modelos, critérios de avaliação, medidas de eficiência, resultados e relatórios.

TRABALHO IMATERIAL: CUIDADOS E BENEFÍCIOS

> O que mais me dá medo é não poder continuar trabalhando, como está a questão dos processos seletivos, de vagas. Hoje todos estão incomodados com isso, e o que mais me apaixona é poder continuar ensinando as crianças, ver suas caras de satisfação, sentir que o que faço é muito útil para eles, que te usam como ponto de referência, que os pais venham e digam que seu filho fala todos os dias de você. Esses são os pontos que mais gosto do meu trabalho (María, GD de Cantábria).

O tipo de trabalho imaterial a que se refere Maria é caracterizado pelo domínio das capacidades afetivas, comunicativas e criativas, de escuta e de relação com as pessoas, da manipulação de códigos e processos cognitivos; da produção de saberes, linguagens e vínculos; da capacidade de atenção, empatia e atenção personalizada, etc. Os termos fundamentais do trabalho criativo e imaterial são a criatividade, a vocação, a conectividade, a entrega, a autonomia, a flexibilidade, o mérito, a prova, a realização, o profissionalismo, a mobilidade, a eficácia, a competitividade e a competência, os projetos, a (auto)formação, o estresse, o horário livre, etc. Essa soma de conhecimentos técnicos e relacionais gera contradições dolorosas na conjuntura de trabalhar para as pessoas e não se desgastar, que, como sabemos, são condições do trabalho docente. A esse respeito, María José, do GD de Andaluzia, nos disse: "Ano passado, tive uma experiência muito ruim com pais separados. [...] Então, você não desconecta, pois cria um vínculo com eles, e não pode se desconectar".

O trabalho afetivo – embora sempre tenha existido – está se tornando protagonista e chegou a ser transformado em um dos elos que articulam o atual sistema econômico. Como forma de trabalho imaterial altamente feminizado, ele se relaciona com o cuidado do outro (crianças, idosos ou doentes) e se vincula ao afeto e ao compromisso desinteressado, o que envolve ser capaz de se conectar com as pessoas ou de ajudar os demais a alcançarem seus objetivos. O sociólogo Michael Hardt (1999, p. 96) explica "Cuidar dos outros está certamente ligado ao corporal, ao somático [...] Porém, os afetos criados são imateriais".

Historicamente, as mulheres realizaram grande parte desse tipo de trabalho, que constituiu o fundamento da produção de serviços – os serviços públicos, como as escolas, os serviços de saúde (os hospitais) ou os serviços domésticos. O trabalho afetivo (HARDT, 1999) liga a feminilidade com o afeto e contribui para sua construção social e, portanto, para a precarização das mulheres, devido à tradicional divisão sexual e patriarcal do trabalho. Os cuidados misturam o *material* e o *imaterial*, assim como a correlação *reprodução-produção*, pois o Estado de bem-estar social organizou a concepção de família fordista como a norma social. Isso cria uma hierarquia em que o cuidado é menosprezado, sendo gratuito, invisível e desvalorizado e realizado por mulheres. Talvez por isso o imaginário social da docência não tenha o reconhecimento que merece.

Porém, com a atual quebra dessa antiga estrutura, um novo cenário é esboçado. Como argumenta o grupo *Precarias a la Deriva* (2004, p. 24), a incorporação do trabalho afetivo e imaterial em todos os modos de organização do trabalho neoliberal, com o

> [...] corte de verbas e direitos; a força do trabalho cada vez mais fragmentada e móvel, sob um regime de excesso conhecido por muitas mulheres (por trabalho, por horas, com horários flexíveis e imprevisíveis, jornadas extensas e perío-

dos de inatividade sem renda, sem contrato, sem direitos, como autônomo, em casa, etc.), incide na ordenação do tempo, do espaço, do contrato, da renda ou das condições de vida. As consequências disso são o isolamento e a impossibilidade de desenvolver uma sociabilidade autodeterminada, de protestar.

Alguns relatos de nossa pesquisa evidenciavam isso, como o de Fernando do GD de Castilla y León:

> Então eu deixo [as crianças] preparadas: são 28. Estão descendo as escadas para pegar a condução, rápido e correndo, e a condução vai embora. Às 13h31 um pai sobe, gritando comigo: "O que está acontecendo aqui? Por que não levam minha filha, e eu preciso vir buscá-la?". E isso é um problema seu. Estou aqui, cuidando das crianças por mais tempo do que o estabelecido, e, ainda por cima, vem gritando comigo... Isso me incomoda.

É extremamente difícil organizar o trabalho afetivo dentro de uma economia de mercado neoliberal. Apesar de constituir uma expressão laboral típica das novas formas organizacionais, ele está localizado no último escalão das remunerações. É um trabalho invisível (existem horas extra de afeto?) e desvalorizado. Este último também é uma questão histórica – presume-se que tradicionalmente foi realizado por mulheres sem ser remunerado ou a um preço muito baixo, geralmente fora da economia de mercado. O trabalho afetivo é menor, porque está associado à reprodução social (reprodução de relações de gênero, cultura, classe social, entre outras relações) como sinônimo de doméstico, e o imaginário do privado continua, embora saibamos que já não é assim. Além disso, os afetos passaram a fazer parte da economia, já que os produtos de consumo estão associados a momentos da vida, narrativas biográficas (*storytelling*) e a emoções vinculadas a identidades. As marcas e multinacionais usam o afetivo como elemento de troca de valor. (Des)educam-nos emocionalmente, muitas vezes mediante estereótipos sociais e culturais.

ALIANÇAS E ORGANIZAÇÕES

Diante de todas essas condições de regulação, surge a necessidade de encontrar espaços de atuação para sair do isolamento e expor essas condições de trabalho e de vida, assim como gerar encontros afetivos, buscar soluções coletivas, desenvolver propostas de visibilidade e luta, compartilhar recursos e assessoria legal, etc. Não gostaríamos, também, de terminar este capítulo com uma visão vitimista ou de impotência. Há todo um espectro de experiência em que os docentes tentam ser agentes de mudança e que promovem diversas formas de resistência em suas práticas. Porém, é inquestionável que a cultura da eficácia e da temporalidade instaure-se também na educação, e, embora a construção de identidade dos docentes iniciantes possa parecer algo provisório e restrito aos primeiros anos de profissionalização, a verdade é que tudo aponta para o fato de que a ideia de estabilidade perdeu força. Portanto, necessitamos de novas formas para repensar não somente como e o que estão aprendendo os futuros professores, mas também de que maneiras poderiam desenvolver sua prática com o tempo.

RECOMENDAÇÕES E SUGESTÕES

Em relação à construção da subjetividade (docente) em um contexto pós-fordista, de trabalho imaterial e precariedade, as recomendações mais factíveis seriam aquelas destinadas à própria comunidade de professores, tanto iniciantes quanto experientes. As sugestões mais urgentes e necessárias, embora possivelmente menos escutadas, seriam as que interpelam as políticas educativas, o governo, as administrações estatais, as equipes de direção das instituições escolares, etc.

Quanto ao tema abordado sobre as condições de trabalho, reunimos muitas queixas e mal-estares, mas também muito compromisso, embora tenha sido complicado, devido à situação de instabilidade em que se encontravam algumas das pessoas que participaram da pesquisa.

As sugestões que dizem respeito às professoras iniciantes estariam relacionadas a:

- Encontrar espaços de relação e atuação conjuntos para sair da cultura do isolamento.
- Tornar as condições de trabalho e de vida do grupo visíveis, rompendo com o mito do trabalho fácil, que não precisa de esforço (férias, trabalho estável, bom salário, pouca carga de trabalho, etc.).

- Criar espaços de relação e encontros afetivos entre colegas de trabalho.
- Buscar soluções coletivas e criar uma cultura de trabalho de apoio mútuo.
- Compartilhar assessoria legal e recursos.

Em relação às equipes de direção das instituições:

- Criar protocolos e práticas de acompanhamento e orientação para professoras e professores iniciantes.
- Evitar a exploração dos professores iniciantes com tarefas para as quais não estão preparados ainda e nem é da responsabilidade deles por contrato (p. ex., responsabilizar-se por todas as matérias de uma turma).
- Criar processos de formação continuada que rompam com a hierarquia entre "especialistas" e "iniciantes".
- Pressionar a administração, tornando visíveis as condições de trabalho precárias e a insustentabilidade dos cortes orçamentários na educação.

Em relação à formação dos professores na universidade:

- Insistir mais, se for o caso, na importância de ter uma atitude crítica durante a formação, assim como tornar visível a questão das condições de trabalho e do currículo oculto no contexto pós-fordista da economia global, desconstruir os imaginários sociais sobre a profissão, etc.
- Não considerar a identidade docente como mero transmissor de conhecimento, que é a personificação das regras e da autoridade, com noções de especialidade baseadas no acúmulo do saber, mas a partir de pontos críticos sobre as construções sociais e culturais de identidade, o papel do trabalho imaterial, a afetividade, o cuidado, etc.
- Promover uma cultura de trabalho mais colaborativa, pois alguns dos indivíduos que participaram dos grupos de discussão comentaram sobre a cultura competitiva e egoísta que perceberam entre os docentes na faculdade.

- Repensar a orientação e os programas de formação para fornecer estratégias e competências nesse contexto em constante mudança.

Em relação a políticas educativas, administrações locais e governamentais:

- Ajudar a reforçar a imagem social do grupo docente, muito desvalorizada na Espanha e em outros países nos últimos anos.
- Embora seja quase uma utopia, revisar as políticas de flexibilidade, contratação e precarização do trabalho – contratos provisórios, mobilidade, repetição de processos seletivos, etc.
- Simplificar as demandas de gestão e burocracia, que sugam o tempo e criam muito estresse.

REFERÊNCIAS

BREHONY, Kevin; DEEM, Rosemary. Challenging the post Fordist/flexible organisation thesis: the case of reformed educational organisations. *British Journal of Sociology of Education*, Abingdon, v. 26, n. 3, p. 395-414, 2005.

BUTLER, Judith. *Lenguaje, poder e identidad*. Madrid: Síntesis, 2004.

CANELLA, Gaile; VIRURU, Radhika. *Childhood and postcolonization*. Nova York: Routledge Falmer, 2004.

ESPAÑA. Ministerio de Educación, Cultura y Deporte. *Datos y cifras*: educación. Madrid: MECD, 2012/2013. Disponível em: <http://www.mecd.gob.es/mecd/dms/mecd/servicios-al--ciudadano-mecd/estadisticas/educacion/indicadores-publicaciones-sintesis/datos-cifras/datos-y-cifras-2012-2013-web-pdf.pdf>. Acesso em: 19 abr. 2016.

ESPAÑA. Ministerio de Educación, Cultura y Deporte. *Estadísticas*: profesorado del cuerpo de maestros que obtienen plaza en el concurso de traslados del curso 2010-11, por CA de origen y destino. Madrid: MECD, 2012a.

ESPAÑA. *Real Decreto-ley 20/2012, de 13 de julio, de medidas para garantizar la estabilidad presupuestaria y de fomento de la competitividad*. Madrid, 2012b. Disponível em: <https://www.boe.es/buscar/doc.php?id=BOE-A-2012-9364>. Acesso em: 19 abr. 2016.

GIDDENS, Anthony. *Modernidad e identidad del yo*: el yo y la sociedad en la época contemporánea. Barcelona: Península, 1995.

GIL, Sivia. *Nuevos feminismos*: sentidos comunes en la dispersión. Una historia de trayectorias y rupturas en el Estado español. Madrid: Traficantes de Sueños, 2011.

GOLEMAN, Daniel. *Inteligencia emocional*. Barcelona: Kairós, 1996.

HARAWAY, Donna. *Ciencia, cyborgs y mujeres, la reinvención de la naturaleza*. Valência: Universidad de Valencia, 1991.

HARDT, Michael. Affective labor. *Boundary*, Durham, v. 26, n. 2, p. 89-100, 1999. Disponível em: <http://www.jequ.org/files/affective-labor.pdf>. Acesso em: 19 abr. 2016.

ILLOUZ, Eva. *Intimidades congeladas*: las emociones del capitalismo. Buenos Aires: Katz, 2007.

IVIE. *Crisis económica e inserción laboral de los jóvenes*: resultados del observatorio de inserción laboral de los jóvenes. València: Instituto Valenciano de Investigaciones Económicas, 2011.

JEFFREY, Bob; TROMAN, Geoff. *Performativity in UK education*: ethnographic cases of its effects, agency and reconstructions. Essex: E&E, 2012.

MCGEE, Patricia; GREEN, Marybeth. Lifelong learning and systems: a post-Fordist approach. *Journal of Online Learning and Teaching*, Long Beach, v. 4, n. 2, p. 146-157, 2008.

PIORE, Michael; SABEL, Charles. *La segunda ruptura industrial*. Madrid: Alianza, 1990. Original publicado em inglês em 1984.

PRECARIAS A LA DERIVA. *A la deriva por los circuitos de la precariedad femenina*. Madrid: Traficantes de Sueños, 2004.

ROWAN, Jaron. *Emprendizajes en cultura*: discursos, instituciones y contradicciones de la empresarialidad cultural. Madrid: Traficantes de Sueños, 2010.

RSA. *RSA animate*: changing education paradigms. [S.l.]: YouTube, 2010. Disponível em: <http://www.youtube.com/watch?v=zDZFcDGpL4U>. Acesso em: 19 abr. 2016.

UNIVERSIDAD S.A. *Documental*: Estreno 24-0. [S.l.]: Vimeo, c2016. 1 vídeo. Disponível em: <http://player.vimeo.com/video/77578140>. Acesso em: 19 abr. 2016.

VALLS, Montserrat Rifà. Michel Foucault y el giro postestructuralista crítico feminista en la investigación educativa. *Revista de Educación y Pedagogía*, Medellín, v. 15, n. 37, p. 71-83, 2003.

WALKERDINE, Valerie. La infancia en el mundo postmoderno: la psicología de desarrollo y la prepración de los futuros ciudadanos. In: SILVA, T. T. da (Ed.). *Las pedagogías psicológicas y el gobierno del yo en tiempos neoliberales*. Sevilla: M.C.E.P., 2000. p. 83-108.

8

Situações para questionar e expandir a formação permanente

Fernando Hernández-Hernández

Resumo

Se partirmos do fato de que a identidade se forma por meio de um processo dialógico em que uma experiência e a sua interpretação social conversam uma com a outra, o papel da formação continuada adquire uma dimensão que vai além do cumprimento de um requisito para obter reconhecimento administrativo. A formação entendida como uma experiência dialógica em uma comunidade de formação não permite somente enfrentar as tensões das relações pedagógicas na escola, mas também aprender a falar em conjunto. A partir dos relatos dos professores que participaram nesta pesquisa, explora-se o contexto em que se situa o papel da formação permanente na construção da identidade, a partir de três eixos: a formação com outras pessoas, na prática e nas atividades institucionais. Tudo isso, com o objetivo de propor espaços de formação que permitam encontrar novos sentidos para a profissão docente.

A FORMAÇÃO DOCENTE COMO LUGAR PARA VALIDAR-SE EM CONJUNTO

Há mais de duas décadas faço parte de uma comunidade profissional de educadores e formadores que têm como uma de suas características diferenciais gerar conhecimento e saber pedagógico em conjunto. Isso é feito a partir de espaços de diálogo em que são trocadas experiências para compartilhar o que nos preocupa e afeta nossos locais de trabalho. O que fazemos é uma prática de identidade, visto que, como afirma Etienne Wenger (1998), ela é construída por meio de um processo dialógico, em que uma experiência e sua interpretação social conversam entre si.

Assim, interpretamos o sentido das experiências próprias e alheias nesse contexto que criamos com nossos encontros. Dessa maneira, construímos e negociamos conhecimentos sobre nossas profissões, como docentes na escola ou na universidade, "[...] no curso de nosso trabalho e na interação com os outros" (WENGER, 1998, p. 146).

Essa experiência é uma atividade do Instituto de Ciências da Educação da Universidade de Barcelona, em que ficamos em um círculo de autocomplacência, pois compartilhamos periodicamente com outros colegas, a quem convidamos a validar-se e escutar os relatos que fazem parte do encontro que, em forma de jornadas e seminários, fomos organizando.[1]

Dessa maneira, o sentido de enfrentar a formação permanente se abre e vai tomando forma, pois ele não convida a aprender um modo de trabalhar ou seguir uma tendência marcada pela moda política ou psicopedagógica do momento. Na verdade, são uma práxis de autoria que mantemos uma vez ao mês, com a intenção de sentir que não caminhamos sozinhos e que as travessias e trocas acerca dos relatos (ANGUITA; HERNÁNDEZ, 2010; ANGUITA; HERNÁNDEZ; VENTURA, 2010) que vamos construindo fazem parte de uma maneira de nos formarmos em conjunto.

Destaco, como ponto de partida deste capítulo, essa experiência – que poderia ser contada a partir de muitos sentidos diferentes – porque permite que o leitor saiba como considero a formação permanente dos pro-

---

[1] As VI Jornadas, *La perspectiva educativa dels projectes de treball. De fer projectes, a la vida de l'aula com a projecte*, ocorreram nos dias 5 e 6 de julho de 2012. Em 31 de junho de 2013 foi realizado o seminário *"La escucha en la relación pedagógica"*.

fessores e como me aproximei do que manifestam sobre as situações de formação pelas quais transitam os docentes iniciantes que participaram de nossa pesquisa.

A FORMAÇÃO COMO UMA EXPERIÊNCIA DE IDENTIDADE (DE APRENDER A SER DOCENTE)

Vamos por partes. Se a pesquisa pretende compreender como os docentes aprendem diferentes aspectos da profissão em seus primeiros anos de trabalho, este capítulo busca dar atenção a como se constituem os contextos de formação oferecidos a eles. Faço essa abordagem levando em conta, como afirma Deborah Britzman (2003), que o contexto da formação dos professores, a identidade (aqui, considerada como o que contribui para a construção em interação com a máscara simbólica que cobre nosso rosto para que façamos parte de um grupo social) se apresenta como uma relação instável, contraditória e que não tem um fim em si mesma. A identidade no ensino está conformada pelas tensões na relação entre teoria e prática, o conhecimento e a experiência, o pensamento e a ação, o técnico e o existencial, o objetivo e o subjetivo. Britzman (2003, p. 26) teorizou essas relações, caracterizando-as como dicotomias dialógicas, o que significa que "[...] têm a capacidade de dar forma uma à outra mutuamente no processo de conhecer [...]" por meio da interação social. Para participar da relação dialógica dessas tensões, mostra a maneira como os docentes entendem a prática e a subjetividade da identidade que se forma por meio dela.

A formação permanente, portanto, seria um território cruzado pelas tensões mencionadas, das quais não se pode escapar, por conta de uma fantasia de encontrar uma formação – idealizada – que permita resolvê-las. É possível aspirar a encontrar modos de encontro que permitam posicionar-se diante dessas tensões, quando – por exemplo, como ocorre com os novos docentes – os professores se formam com estratégias para ensinar uma matéria em Inglês ou para ampliar as experiências de aprendizagem em Educação Física. Menciono temas de formação, porque, como veremos a seguir, os professores se referem a eles como espaços em que buscam respostas diante do seu não saber ou do seu desejo de confirmar a trajetória que estão seguindo.

Mantenho o valor da formação não como lugar de escuta para reproduzir as experiências dos outros, mas como espaço privilegiado de encontro no qual se possa estar em diálogo com o relato de outros, porque considero que, como apontaram, na sua época, Jean Lave e Etienne Wenger (1991), a aprendizagem docente ocorre com a participação em comunidades de prática nos locais de trabalho, em algumas instâncias institucionais ou nas margens, como acontece com o grupo que mencionei. Com essa conceituação de formação, coloca-se a ênfase no "[...] caráter relacional do conhecimento e do aprendizado e na natureza (experiencial) da atividade de aprendizagem para as pessoas envolvidas [...]" (LAVE; WENGER, 1991, p. 33).

O que nos coloca no caminho certo da segunda característica da formação permanente que apresento aqui – recordemos que a primeira está ligada a falar em conjunto[2]– é o sentido que se dá ao ato de aprender e como se aprende e ao modo como o faz esse grupo social de professores e professoras que aprende de maneira idiossincrática (HERNÁNDEZ-HERNÁNDEZ, 1996; OPFER; PEDDER, 2011). Não se trata de responder a essa questão a partir do que sabemos sobre como os adultos em geral, e os docentes em particular, aprendem melhor,[3] mas sim de resgatar, para, em seguida, colocar em diálogo as evidências da pesquisa, algumas características do aprendizado sobre as quais existe um consenso:

- O aprendizado teria que estar situado e conectado com o mundo social daqueles que estão ligados a uma comunidade de prática, pois isso permite sua plena participação em contextos autênticos (LAVE; WENGER, 1991), com situações e experiências que fazem parte do seu cotidiano.

- Aprende-se melhor atuando em comunidades de prática em que a ênfase está no caráter do conhecimento e no aprendizado das professoras a partir de suas próprias experiências, para facilitar a reflexão e a transferência do conhecimento de uma situação à outra.

---

2 *The National Writing Project*, promovido por Ann Lieberman e Diane R. Wood, é um exemplo de formação que parte dos relatos que os docentes compartilham sobre suas experiências nas escolas. É possível consultar a página do projeto para ampliar referências e explorar recursos: http://www.nwp.org/cs/public/print/resource_topic/research_nwp

3 Em Opfer e Pedder (2011), há uma exaustiva revisão das tendências de pesquisa sobre como os docentes aprendem.

- Ao participar na formação em colaboração com outros colegas, os docentes constroem seu próprio conhecimento e a compreensão da prática, e os formadores, também, ao se envolverem em um processo de socialização e aprendizagem ao se relacionarem com uma comunidade de prática. Nesse processo, a colaboração se torna um aspecto fundamental para narrar e refletir sobre as tensões ligadas ao cotidiano das salas de aula e da escola.

Nas seguintes seções, veremos como essas considerações aparecem, são detectadas ou procuradas nos relatos dos docentes que participaram da pesquisa.

O LUGAR DA FORMAÇÃO PERMANENTE NOS ENCONTROS COM DOCENTES INICIANTES

Das conversas a partir das quais construímos as microetnografias, é possível extrair algumas contribuições sobre o papel da formação permanente, entendida, principalmente a partir da lógica das experiências de encontro que possibilitam situar e expandir o sentido do saber como professor. Aqui, todavia, dei mais atenção ao que foi aparecendo aos poucos nos grupos de discussão. A quantidade de participantes nos oferece um panorama mais amplo, a partir do qual podemos tirar reflexões e sugestões para equilibrar e repensar a formação.

Foram três os eixos temáticos a partir dos quais ordenei as referências e reflexões das novas professoras: a formação informal com os outros, a formação na prática e sobre a prática e a formação institucional (Fig. 8.1). Para introduzir como se mostram e articulam essas relações, vale a pena considerar que há duas forças que movem os docentes para que busquem a formação. A primeira delas é um desejo que se projeta em ambientes difusos com o propósito de não ficar parado: "De qualquer jeito, você aprende com as pessoas que vai conhecendo; de uma pessoa, uma coisa, de outra, outra coisa" (Amaia, GD do País Basco).

A segunda, como aponta Sara (GD de Baleares), é a exigência da autoformação a partir da reflexão sobre o que ocorre no dia a dia: "Acredito que sim, que o aluno pode aplicar o que está aprendendo e se dar conta por si só

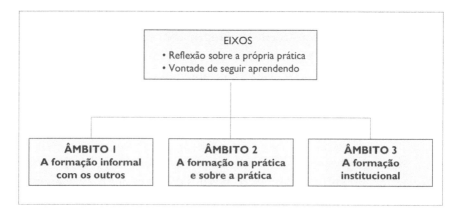

Figura 8.1 Eixos e âmbitos de formação que surgem a partir dos relatos dos docentes.

se funciona e se pode modificá-lo para que funcione melhor. Me ensinaram algo, mas eu aplico e posso modificá-lo. Seria um autoaprendizado".

Esses dois eixos, a necessidade de refletir sobre a própria prática para aprender a partir dela – e para que seja possível compartilhá-la com outros – e a vontade de seguir aprendendo para enfrentar os dilemas da profissão, são campos a partir dos quais se articulam as tensões mencionadas que tramam o que ocorre nos diferentes ambientes de formação. Mais adiante, discorreremos sobre como esses dois eixos se cruzam os com três âmbitos selecionados (Fig. 8.1) pela relevância nas intervenções dos docentes.

A FORMAÇÃO COM OS OUTROS

Aprender com os outros e dos outros aparece como a primeira situação em que transita a formação. A aprendizagem ocorre não somente com os colegas, mas, como veremos a seguir, também com os estudantes de estágio, o que parece paradoxal, pois se espera que alguém que está nos primeiros anos de profissão deva seguir se formando, aprendendo com os docentes com mais experiência e não deve precisar se responsabilizar pelos professores em estágio. Porém, o que é aparentemente contraditório, os docentes novos transformam tal experiência em uma possibilidade que os ajuda a se situar – e a aprender – na relação com aqueles que ainda estão na formação inicial. Assim aconteceu com Cristina (GD de Baleares), que começou a receber, em sua sala de aula, quase desde o início do seu exercício profissional, a professores de estágio – eventualidade que revela, como mencionei, o pouco cuidado que se presta à formação dos novos professores. Ela, porém, soube transformar isso em uma oportunidade de aprender com outros:

> Bom, eu não sei se vou poder ensinar algo para vocês, porque também estou aprendendo. Então eu dizia (aos estudantes em estágio): "Se vocês – porque o primeiro mês era de observação – virem coisas que eu faço mal, me digam, pois não me dou conta. Vamos fazer trocas para que eu possa melhorar com a percepção de vocês. Então, quando for a vez de vocês, darei também a minha opinião". Isso me ajudou.

Estar disposto a aprender e não se sentir perturbado com a situação de estranhamento em que se encontra é um recurso de profissionalização. Isso supõe reconhecer que os outros, os futuros docentes, podem, com sua observação curiosa, cética ou interessada, relacionar-se para gerar um saber pedagógico compartilhado, algo que nem sempre ocorre, como reflete o relato de Caterina (GD de Baleares), cujo instituto propôs que fosse orientadora de estágios, mas esta não teve ânimo para assumir o risco que a situação apresentava.

> É a insegurança que você cria de saber que tem uma pessoa que, em teoria, deve aprender com você, quando você acha que ainda tem tanto a aprender quanto os demais; embora os colegas nos dissessem, a mim e às professoras em situações parecidas com a minha, para que não tivéssemos medo, que adquiriríamos prática, que aprenderíamos também com eles e seguiríamos em frente.

Apesar disso, seja com os estudantes em estágios, seja com colegas de dentro ou de fora da escola, a necessidade de poder ter interlocutores para contrastar o que ocorre no dia a dia da sala de aula aparece como uma constante nos relatos dos professores. Assim, Gabriel (GD de Baleares) diz que a possibilidade de compartilhar com os outros aparece como uma necessidade em sua aprendizagem como docente:

> Em muitas tardes, saindo do colégio, pensei que seria bom dar aula de Educação Física e poder apresentar o caso de um menino ou uma menina, por-

que, se não comento com meu colega, eu acabo decidindo, mas... Falo com pessoas que fazem Educação Física, mas é muito mais produtivo poder aplicar os casos quando estão dando teoria.

A formação com outros, inclusive em contextos informais – os que se constituem com a proximidade e a cumplicidade – possibilitam não apenas que haja abertura para a indagação, mas também que o indivíduo se sinta parte de uma comunidade de prática que se trama com fios de reconhecimento e utopia. Carmen (GD de Baleares) encontrou seu sentido de ser docente no estágio que realizou no Peru e reflete sobre a formação permanente nos seguintes termos:

> As coisas nesse colégio são muito contrárias à ideia que tenho de escola. As primeiras semanas foram tensas, porque eu dizia: "Não pode ser que não encontre nada que eu goste, não pode ser. Preciso buscar coisas positivas". O bom é que sigo vendo aquelas pessoas com quem fiz estágio no Peru e, nesses momentos, posso compartilhar com colegas, com pessoas que veem a educação da mesma maneira que eu. Me ajudou muito também para não cair na armadilha que dizia: "Se alguém vir que vou fazer isso, me digam que não faça, por favor". Me ajuda muito ter pessoas com quem compartilho uma visão da educação. Depois, pouco a pouco, ao pensar no colégio, me dei conta de que há outros que compartilham dessa visão. Há muitas posturas cômodas, tipo: "Bom, também gostaria disso que você diz, mas me dá muito trabalho", ou dizem: "Isso é impossível". E, claro, você observa, está ali, e, pouco a pouco, vai dizendo suas opiniões, que são contrárias a isso. Porém, agora que já me sinto confortável, digo tudo que penso.

Encontrar pessoas que compartilham da mesma visão sobre a educação traz, para vários docentes iniciantes, um desejo que procuram alcançar com diferentes recursos. No caso de Carmen, isso será realizado por um grupo que convidou a Carmen e outras professoras do grupo de Madri, com o objetivo de se formar revisando algumas contribuições de professores republicanos, assim, conhecendo modos de ser docente com os quais podem dialogar e a que podem se conectar. Com isso, descobrem o sentido do compromisso social e transformador da docência.

Assim, a formação transcorre como uma trajetória em busca de certezas, mas também de poder crescer em conjunto, como afirma uma professora do GD de La Rioja:

Nessa época, quando você começa, as pessoas que estão à sua volta são muito importantes. Você se concentra no tipo de professor, em como dão aulas, e vai criando um perfil do que gosta ou não: "isso não tem a ver comigo, isso eu gosto mais, vou perguntar". Você vai criando o seu perfil com os mesmos colegas.

Nesse primeiro momento, percebe-se que a formação entra na vida dos professores jovens como um processo natural, fruto da necessidade de encontrar referências que permitam validar sua prática docente enquanto buscam novos horizontes para expandir seu saber pedagógico diante dos desafios que o trabalho diário apresenta. Esses encontros de formação podem ser conjunturais (estudantes em estágio) ou continuados (vinculados a grupos que se encontram com o objetivo de compartilhar um modo de ser docente). Ambos oferecem experiências da sua própria maneira, por meio do seu modo de aprender, situando e transferindo sua prática e sua atitude como professor ou professora.

A formação pela prática

Há anos, acompanhei o processo de uma pesquisa (SALGUEIRO, 1998) que mostrava, a partir de histórias entrelaçadas, o período de um ano em que uma professora de ensino fundamental esteve em uma escola e como ela refletia sobre seu sentido de aprender a ser docente e sua atividade diária. Enquanto isso, ela organizava o currículo com projetos de trabalho, gerenciava o tempo e o espaço, interpretava o aprendizado dos alunos, abordava as questões de gênero nos conteúdos e nas relações, refletia sobre sua própria história como docente e projetava sua visão profissional para o futuro. Além de tudo, formava-se como a docente que queria e podia ser em meio a seus colegas, às famílias e aos alunos e às alunas da turma. Nesse percurso, os encontros com os outros e as reuniões com as colegas dentro e fora da instituição serviam para enfrentar tensões, encontrar temas para questionamento, descobrir modos de interpretar seu fazer diário e de se projetar na formação de outras professoras. Essa trama de relações fazia com que se reconhecesse como portadora de um saber que surgia da prática e do intercâmbio com outros. Sobre essa experiência, Donald Schön (1983) auxiliou a prestar atenção, resgatar e compreender o valor profissional desse tipo de conhecimento.

De certa maneira, e talvez sem identificar, encontrar oportunidades para aprender a partir da prática seja a busca, a aspiração, que propõem muitos jovens docentes. Observamos isso no relato de Cristina (GD de Cantábria), como já manifestamos em outro capítulo, em que ela reivindica que seu saber seja reconhecido:

> Também creio que, nós, professores, sabemos muito quando aprendemos em sala de aula, mas não sabemos como articular ou fazer com que esse aprendizado que temos chegue às altas esferas da universidade, que sejam feitos estudos e, então, que se criem medidas para melhorar a educação. Temos muitas queixas, mas todo o nosso saber não é canalizado. Como não somos da universidade, não podemos opinar, não podemos falar. É o que fazemos todos os dias.

Cristina fala do saber que se cria na prática como um conhecimento que a constitui e que a remete à experiência da sala de aula, às interações com os alunos, às decisões que toma em cada momento e às interpretações que realiza no seu fazer cotidiano. Certamente, esse é um processo deliberativo que, podendo ser explícito e nomeado, não somente permitiria expandir o sentido do seu trabalho, mas também contribuiria para a construção e a articulação do saber pedagógico que ocorre no ensino, na sala de aula.

Em uma direção parecida, está Alba (GD da Galícia), que, sem afirmar o potencial de saber que tem sua aprendizagem, foca no que é possível aprender com a novidade de cada situação que encontra em sala de aula. Em seu saber, surge também um paradoxo (*rotina diferente*) que reflete uma das tensões sobre a qual se constitui a identidade docente: encontrar algo novo, que surpreenda sob a capa da gramática normalizadora da escola.

> Comecei criticando, mas, agora, a cada dia, fico mais feliz. Você ri e aprende muito com as crianças, e com alguns colegas também aprende muito. E, bom, é uma profissão de que você nunca cansa, pois, a cada dia, tem algo novo. Mas também é frustrante, porque você diz para si mesmo "dominei tudo", mas não, é como se fosse novo. Para mim, é isso: todo dia é uma rotina diferente.

Com esses e outros relatos, evidencia-se como a formação na prática, a partir dela e sobre ela, é apresentada como um lugar, ao mesmo tempo reconhecido e a ser explorado, da formação docente. É um território onde teria que revolver a formação institucionalizada para resgatá-lo, dar nome e sentido e devolvê-lo ao cotidiano das escolas, transformado em conhecimento pedagógico. Este não só repercute no docente, que o transforma em experiência quando o narra, mas em referências para seus colegas, que também podem encontrar exemplos que permitam dar sentido à prática e às dúvidas ao narrá-las e narrar a si mesmo.

A formação institucional

Certamente, quando se fala da formação continuada, pensa-se na oferta realizada pelas instituições, a universidade e outras entidades, em formato de curso, oficina, grupo de trabalho ou seminário, com a perspectiva de atualizar o conhecimento profissional dos docentes. Na Espanha, esse tipo de formação tem crédito e é levado em conta no momento de avaliar o desempenho docente. Três costumam ser o foco da formação continuada: a fundamentação teórica, o conhecimento psicopedagógico e a prática pedagógica. Eles não são compartimentos isolados, mas se relacionam entre si com frequência. Esses três focos, como afirma María Cristina Davini (1995), costumam ser abordados a partir de contextos práticos e artesanais, acadêmicos, técnicos, eficientes e hermenêutico-reflexivos, sem esquecer as abordagens crítico-transformadoras, que tratam de vincular a atividade docente com o questionamento do naturalizado e a emancipação (autoria) dos sujeitos, seguindo a linha de pensamentos de Paulo Freire.

Em qualquer caso, a formação continuada vinculada às propostas institucionais aparece como um aspecto fundamental que contribui para o enfrentamento das tensões da identidade docente. Acima de tudo, como María José e Inmaculada reconhecem, influencia o estilo de ser docente e a ampliação da bagagem referencial para enfrentar as situações cotidianas.

> A maneira que eu trabalho hoje se deve muitíssimo aos cursos do Centro de Professores e às pessoas que trabalham comigo, sobre temas inovadores e tudo (María José, GD de Andaluzia).

> Para mim, por exemplo, a formação, como os cursos, contribuíram muito; principalmente, os presenciais. Você aprende com os cursos a distância, mas, com os presenciais, muito mais. Para mim, contribuem muito mais (Inmaculada, GD de Andaluzia).

Porém, se essas são as contribuições mais evidentes que as professoras reconhecem como advindas da formação continuada, há outros aspectos que surgem das conversas que ampliam e problematizam a função desta, a qual vamos explorar com cautela.

Aprender com o compartilhar

Os espaços de formação institucionais oferecem, em primeiro lugar, *oportunidades para compartilhar*, com o objetivo de validar e contrastar a prática cotidiana ou ser uma possibilidade de consolidar e ampliar um âmbito disciplinar.

> No ano passado, fizemos um seminário e, no fim, nem lembro como se chamava, pois acabou se transformando em reuniões mensais para compartilhar: eu pego ideias de você, você pega de mim; eu trago um material que consegui... Mas não consigo me lembrar do nome do seminário. Acho que era de competências básicas. Finalmente, acabamos fazendo isso: nos reuníamos, sentávamos à mesa e falávamos um pouco. A verdade é que é quase imprescindível, na minha opinião, que alguém diga se você está seguindo um bom caminho ou que pode usar essa ideia que vai se sair bem (Gabriel, GD de Baleares).

> Eu acho que tenho que cobrir necessidades. Como sou do Inglês, todos os anos faço algo no trimestre. Agora, esse último trimestre, não me matriculei em muitos cursos, porque estamos muito ocupados, mas no primeiro e no segundo trimestres, me matriculo em cursos de formação. Depois, pessoalmente faço amigas norte-americanas ou britânicas com quem faço mil jantares, converso e pratico minha habilidade oral e de escuta (Beatriz, GD de La Rioja).

A formação pelo compartilhamento é conhecida, na perspectiva dos docentes, como o aprendizado entre pares, que envolve, segundo Cerda Taverme e López Lillo (2006, p. 40):

> [...] a valorização do conhecimento gerado na prática cotidiana, que é experiencial e personalizado e que tem sentido para aqueles que o produziram e utilizaram. Cada sujeito que troca, comunica e analisa com outras pessoas seus conhecimentos, coloca em jogo suas habilidades e competências, que

são incrementadas como resultado dessa interação. Nela, todos os participantes, em um processo de coaprendizagem, estimulam seu aprendizado e engatilham processos similares aos outros.

Essa disponibilidade exige ter tempo para a escuta, assumir uma atitude de reflexão sobre a prática e adiar as urgências de resolver as questões iminentes diárias que os docentes iniciantes enfrentam, o que permite, em seguida, criar conhecimentos compartilhados a partir do saber pedagógico e pessoal possibilitado em sala de aula e nas trocas com outros docentes.

Algo que pode auxiliar nisso é a vinculação a grupos de docentes que não somente permitam aprender modos de fazer, mas também de ser, em que se possa articular o que se vive e que não afaste o sujeito entre o eu profissional e o biográfico.

> Algo que foi muito útil para mim, como "terapia", foram os grupos. Por exemplo, em um sábado do mês, o grupo da rede de instituições Escola Aberta e Inovação Educativa se reúne. Esses espaços de reunião entre professores e professoras, em que simplesmente deixamos os medos fluírem, retiramos de dentro e vemos que temos os mesmos medos, fazem com que você diga que, pouco a pouco, com calma e carinho, as coisas vão (Elvira, GD de Madri).

Nesses espaços, cria-se uma trama de cumplicidade que vai além do cotidiano e do urgente, em que a voz de todos é reconhecida e valorizada; em que se entrecruzam histórias que permeiam todas as camadas do ser. A formação, como processo de compartilhamento de experiências, rompe com a imagem individualista de ser docente, abre sua relação com os outros para reconhecer e narrar a si mesmo, o que confere outro sentido não somente para o papel da formação, mas também para a profissão docente.

Atualização permanente

Com frequência, aqueles que pensam e planejam a formação não levam em conta onde estão as necessidades dos docentes que começam a atuar na profissão e tendem a colocar cargas pesadas sobre os seus ombros ao assinalar, por exemplo, as competências que devem adquirir na formação. Uma amostra ampliada dessa posição é realizada Philippe Perrenoud (2004), que considera que a formação docente teria que possibilitar que os professores fossem capazes de organizar situações de aprendizagem estimulantes e culturalmente relevantes, gerenciar o progresso do aprendizado, promover a aprendizagem cooperativa, estabelecer e adaptar recursos para atender à diversidade, saber envolver os alunos na aprendizagem, participar na gestão da própria instituição, realizar a avaliação e a integração no ensino e na aprendizagem e assumir responsabilidade por meio da prática profissional e ética, com o objetivo de melhorar a prática docente.

Porém, o indivíduo não somente fica exausto ao ler a lista de deveres, mas também se questiona se todas essas competências não esboçam uma identidade doente colonizada pelo que deveriam ser a formação e as expectativas daqueles que a formulam. Como afirmam nossos colaboradores, isso ocorre porque se afastam de suas concepções e necessidades e da própria oferta de formação que recebem das instituições, inclusive aquelas dedicadas à formação inicial. Embora alguns fiquem mais ou menos de acordo com as formulações como as de Perrenoud, colocam em dúvida o que tem de programático quando escutam os docentes que começam a atuar na profissão.

Ao nos aproximarmos das necessidades de formação manifestadas pelos novos professores, elas aparecem vinculadas a se manter informado e conhecer novidades, principalmente no que diz respeito às Tecnologias da Informação e Comunicação (TIC), com seu funcionamento e suas possibilidades educativas. Para satisfazer essa necessidade inicial de conhecer, o docente pode se abrir, como no caso de David (GD de Cantábria), compartilhando com os outros e questionando por si mesmo formas de aplicação, nesse caso, sobre a lousa digital.

> Nós, com Cristina, fizemos [o curso] sobre lousas digitais. Foi bastante útil para as novas tecnologias de que ela falava. Eu, nos dois primeiros anos, não havia utilizado muito, mas neste terceiro, utilizei bastante e foi útil para ver que, no futuro, será bastante importante e para compartilhar entre os colegas o que aprendemos. Isso também favorece o companheirismo.

Assim, aparece uma primeira reivindicação da formação ligada à necessidade de conhecer, de estar em dia, para atualizar conhecimentos e, em seguida, incorporar e transferi-los a novas situações. O fato de isso abrir a porta para as prioridades estabelecidas por formadores e especialistas é uma possibilidade, porém, também reflete que se colocar à escuta, compreender que há caminhos intermediários, pode levar, a partir da reflexão e do compartilhamento, a construir uma identidade profissional que vislumbra o aprendizado do aluno e realoca o papel do docente.

> Depois, fiz cursos. Você sabe o que faz falta, o que te aperfeiçoa e decide o que quer aprender. Por exemplo, com um curso que fiz, nunca havia pensado em fazer um *blog* de aulas e agora estou utilizando um monte. Por isso, agradeço a esse curso, pois tinha um pouco de medo das TIC, e agora estou feliz (David, GD de Andaluzia).

Nessa abordagem, sem outra pretensão senão a de responder ao interesse de conhecer, como afirma David, superam-se medos, pode-se entrar em relações com os outros, pensa-se em como situar o aprendido em um contexto de aula, indaga-se sobre novas possibilidades, etc., não como um ponto de chegada ou como um fim em si, mas, como um ponto de partida, que, se acompanhado de espaços de encontro em que seja possível narrar a si mesmo, pode auxiliar a ampliar o sentido de ser docente.

> Eu fiz cursos no Centro de Professores sobre Matemática, sobre Artes, e digo: "Ah! Quero aprender isso e levar para meus alunos". Talvez também tenha cursos mais teóricos, mas, no fim das contas, fazemos por pontos, e não levamos para a prática (Cristina, GD de Cantábria).

A formação institucional também tem um componente ambivalente e contraditório que está na fronteira entre cumprir um trâmite para obter o reconhecimento ou se abrir a abordagens, estratégias e modos de fazer para levar para as aulas. Porém, parece inquestionável que pode ser útil como um primeiro passo para docentes iniciantes entrarem em modos de relação mais complexos, com o que está conectado a suas expectativas, orienta suas decisões e amplia seu modo de aprender. Para isso, o conhecimento pela prática seria fundamental.

> Aprende-se bastante, porque os responsáveis pelos cursos são escolhidos pelo Centro de Professores com base no currículo prévio – pelo que sabem e pela experiência que têm, e se aproximam mais da sua maneira de traba-

> lhar. A maioria são professores e professoras ou trabalharam em colégios, com aulas, com alunos. Talvez alguns professores universitários. Então falam mais da teoria, de fora, e não sobre o trabalho com alunos, de problemas familiares (Mari Carmen, GD de Andaluzia).

O relato de Mari Carmen, como vimos, mostra a escolha do tipo de formador valorizado e o saber pedagógico vinculado à sua prática, em que a fundamentação, a teoria, encontra a ancoragem e a projeção nas alternativas, conclusões e contribuições, que derivam da experiência (eu estive ali, eu fiz isso). Essa relação do saber pedagógico com a prática está ligada à necessidade de identificar e compartilhar os objetos da formação.

> Nós nos reuníamos uma vez por mês, mas os professores não estavam satisfeitos, não gostavam de como estava sendo abordado. Eu também não, não chegou a tocar as pessoas. Não víamos um objetivo claro. Nos reuníamos no auditório, mas não havia nada claro, então não consegui aproveitar nada. É que também durou pouco (Rut, GD de Cantábria).

A atualização de conhecimentos e maneiras de trabalhar é o referencial prioritário das expectativas de formação dos jovens docentes. No entanto, também surge, no relato de María (GD de Cantábria), uma ideia que traz um ponto de vista não somente com um modo de dar sentido ao aprender na formação, mas também com a conexão entre o novo que se conhece e a experiência dos sujeitos.

> Um curso que me impactou bastante foi com uma orientadora de um colégio que nos falou de problemas de autismo, de transtornos de desenvolvimento. Foi o que mais me chocou, pois já tinha tido esses alunos e entendi, depois dessas conversas, muitas coisas que se eu tivesse aprendido antes de tê-los... Até agora, dos cursos que fiz, esse é o que mais contribuiu e me fez refletir.

Refiro-me, como menciona María, a essa formação que permite iluminar e dar sentido à experiência. Uma formação que entra nas zonas de não saber, nos modos de relação para os quais não se encontra explicação e saída no cotidiano e que, de repente, a partir da experiência do outro, de sua reflexão sobre o fazer, ocorre uma conexão que permite compreender o que até então era inexplicável.

A FORMAÇÃO COMO LUGAR PARA GERAR CONHECIMENTO PEDAGÓGICO E EXPERIÊNCIAS DE IDENTIDADE

Um docente, como qualquer outro profissional, não finaliza sua formação com o título que recebe na universidade. Terminar a graduação pressupõe o início de um caminho de aprendizagem que nunca termina. Nesse sentido, ser docente pressupõe a criação e a recriação de identidades, à medida que os significados são criados e negociados no dia a dia da sala de aula, da escola e das relações. E, nessa recriação, as diferentes modalidades de formação cumprem uma importância essencial, porque, como afirma Deborah Britzman (2003, p. 31), "[...] o ensino é um processo dialogado em que o indivíduo luta para conseguir uma voz própria diante de um fundamento de vozes passadas e presentes, experiências vividas e práticas disponíveis".

Neste capítulo, com o percurso apresentado sobre como os docentes iniciantes buscam ter voz própria diante da formação, surgem as seguintes contribuições que não devem ser vistas como uma estrutura rígida, mas como fases de um processo (ver Quadro 8.1) que não ocorre de maneira linear, mas que se revela em função das experiências de formação.

A seguinte conversa, que ocorreu no GD de Cantábria, na qual alguns docentes falam sobre suas expectativas e necessidades futuras de formação, permite exemplificar alguns dos referenciais que coloquei neste quadro.

QUADRO 8.1 Síntese das relações dos docentes com a formação

Objetivo da formação	Eixo da formação	Modelo de formação
Validar-se/avaliar-se (estou fazendo bem?).	Atender as necessidades de conhecer novidades.	Que perceba e compartilhe os objetivos.
Compartilhar exemplos e buscar alternativas (como você resolve isso?).	Atualizar o conhecimento da matéria.	Que dê mais valor à experiência do que à teoria.
Expandir-se (saber mais).	Trocar experiências e modos de fazer.	Que se possa levar à prática.

Juana: A que tipo de formação vocês gostariam de ter acesso? Como acham que ela teria que ser? Vocês têm 20 e poucos anos e teriam que trabalhar mais 30 ou 35... Como veem seu processo formativo?

David: No futuro, gostaria de ampliar meu conhecimento em informática e aperfeiçoar meu Inglês [...]. Gostaria de avançar mais ou aprender melhor a modular a voz ou fazer algum curso nesse estilo. São coisas que gostaria de aperfeiçoar.

Cristina 1: Meu principal objetivo é o Inglês, sem dúvida alguma, porque é algo que nunca acaba. Podemos melhorar, quero falar melhor ainda. Sobre o aprendizado integrado de língua e os conteúdos, todos na Espanha querem fazer o AICLE (Aprendizado Integrado do Conteúdo de Línguas Estrangeiras), mas tem que saber como. No meu caso, quero fazer todos os cursos de formação que consiga. Começarei um mestrado em Pesquisa e Inovação, me joguei. Eu disse: "Como os processos seletivos estão suspensos, e parece que terei algum tempo, gostaria de começar a ver algo a respeito disso".

As experiências de formação mostram, assim, o potencial de "educar" aqueles que participam delas, mas também de gerar conhecimento pedagógico que forneça pontos de vista alternativos sobre a realidade que se busca compreender. Esse conhecimento pedagógico tem a ver com o questionamento dos modos naturalizados de se posicionar a respeito da educação escolar e dos temas e conceitos vinculados à formação, à docência, ao aprendizado, ao sujeito e à relação, que circulam entre docentes e que permitem refletir e, com isso, gerar conhecimento.

Eu acredito que, sim, temos que continuar nos formando. E, quando vai às formações, só há gente jovem, não há gente mais velha. No momento que conseguem uma vaga, dizem: "Tá bom, aqui eu fico". E eu acredito que é preciso seguir se formando (María, GD de Cantábria).

Dessa maneira, se refletimos sobre as experiências de conhecer que ocorrem na formação docente e que têm origem na pesquisa narrativa de caráter biográfico que realizamos, é porque o objetivo da pesquisa social é compreender e representar as experiências e ações vividas pelas pessoas nas situações especiais que estão (ELLIOTT; FISCHER; RENNIE, 1999). Esse processo de compreensão é, por si só, a primeira fonte de conhecimento que se cria a partir desta pesquisa e dos encontros com os professores iniciantes.

RECOMENDAÇÕES E SUGESTÕES

Durante três anos acompanhei uma escola de ensino fundamental em seu processo de formação. Tinha que aprender a compartilhar e a nomear as experiências que os docentes levavam a nossos encontros mensais. Em um dado momento, no final do terceiro ano, considerou-se o que fazer para seguir se formando, agora que a administração autônoma havia eliminado os planos de formação. Como resposta, surgiu a iniciativa de um professor que se propôs a continuar com os encontros, focando nos relatos de experiência de sala de aula que eles mesmos levariam às reuniões. Se menciono essa circunstância pessoal, é porque ela reflete duas situações que considero que deviam estar presentes no momento de esboçar o conteúdo desta seção.

A formação continuada dos professores é uma das vítimas dos cortes orçamentários que afetam a escola pública. Assim como foi apresentado, isso nos coloca diante de um paradoxo difícil: se, como no exemplo mencionado, os docentes tomarem as rédeas de sua própria formação, assumirão que não é necessário investir em formação; se reivindicarem e esperarem que a formação seja reconhecida, vão perceber que são terceirizadas em empresas que fazem da formação um negócio ou que são reduzidas ao mínimo, seguindo apenas a linha que reafirma as atuais políticas educativas. Estas, porém, não contemplam sua inserção nos projetos e as necessidades dos docentes nas instituições. Além disso, em relação ao tema deste livro, a formação dos professores que iniciam não existe, porque já não há processos de seleção, nem contratos que ofereçam a continuidade para aqueles que optaram por ser professores.

Diante dessa situação paradoxal e do atual cenário desolado da formação continuada, fica a possibilidade de pregar no deserto e seguir reivindicando a necessidade da formação, se não há o desejo de que a escola pública – a da maioria – suma em um reino obscuro de escuridão, ignorando as mudanças que outros países incorporam para atualizá-la e projetá-la para o futuro (e não para o passado).

Sempre existe a possibilidade, como em outras épocas obscuras, de se refugiar nas instituições ou em grupos que auxiliem docentes de diferentes escolas para gerenciar a própria formação, compartilhar relatos de experiência, convidar outros colegas que apontem caminhos a serem explorados, dialogar com textos inspiradores, conhecer histórias de outros países onde siga brilhando a luz de uma sociedade mais igualitária, documentar processos e continuar na aventura de construir conhecimento e saber em conjunto.

REFERÊNCIAS

ANGUITA, Marisol; HERNÁNDEZ, Fernando. O currículo de educação infantil com uma trama de experiências, relações e saberes. *Pátio. Educação Infantil*, Porto Alegre, v. 22, p. 12-16, 2010.

ANGUITA, Marisol; HERNÁNDEZ, Fernando; VENTURA, Montserrat. Los proyectos, tejido de relaciones y saberes. *Cuadernos de Pedagogía*, Barcelona, v. 400, p. 77-84, 2010.

BRITZMAN, Deborah. *Practice makes practice*: a critical study of learning to teach. Albany: State University of New York, 2003.

CERDA TAVERME, Ana María; LÓPEZ LILLO, Isaura. El grupo de aprendizaje entre pares: una posibilidad de favorecer el cambio de las prácticas cotidianas de aula. In: ARELLANO, Mireya; CERDA, Ana María (Ed.). *Formación continua de docentes*: un camino para compartir, 2000-2005. Santiago de Chile: Centro de Perfeccionamiento, Experimentación e Investigaciones Pedagógicas del Ministerio de Educación, 2006. p. 33-44.

DAVINI, María Cristina. *La formación docente en cuestión*. Buenos Aires: Paidós, 1995.

ELLIOTT, Robert; FISCHER, Constance T.; RENNIE, David L. Evolving guidelines for publication of qualitative research studies in psychology and relate fields. *The British Journal of Clinical Psychology*, Malden, v. 38, p. 215-229, 1999.

HERNÁNDEZ-HERNÁNDEZ, Fernando. ¿Cómo aprenden los docentes? *Kikirikí. Cooperación Educativa*, Sevilla, v. 42-43, p. 120-127, 1996.

LAVE, Jean; WENGER, Etienne. *Situated learning*: legitimate peripheral participation. Cambridge: Cambridge University, 1991.

OPFER, V. Darleen; PEDDER, David. Conceptualizing teacher professional learning. *Review of Educational Research*, Washington, DC, v. 81, n. 3, p. 276-407, 2011.

PERRENOUD, Philippe. *Diez nuevas competencias para la enseñar*: invitación al viaje. Barcelona: Graó, 2004.

SALGUEIRO, Ana María. *Saber docente y práctica cotidiana*: un estúdio etnográfico. Barcelona: Octaedro, 1998.

SCHÖN, Donald. *El profesional reflexivo*: cómo piensan los profesionales cuando actúan.

mmunities of practice: learning, meaning and identity. Cambridge: 998.